映画評論家への逆襲

荒井晴彦　森 達也　白石和彌　井上淳一
Arai Haruhiko　Mori Tatsuya　Shiraishi Kazuya　Inoue Junichi

小学館新書

はじめに

「映画評論家への逆襲」とタイトルにあるが、本書に収められているトークは、そんな大それた気持ちで始めたものではもちろんない。

コロナ禍が始まった2020年春、ミニシアターが苦しいという声が全国から聞こえてきた。もちろん、苦しかったのはミニシアターだけではなかったろう。しかし、映画を生業としている僕にとって、それは他人事ではなかった。「映画は作っただけでは完成しない。人に観てもらってはじめて完成する」とはよく言われる言葉だが、シネコンではかからないような映画ばかり作っている僕にとって、ミニシアターがなくなるということは自分の映画を観てもらう場を失うということだった。

コロナでなくても、ミニシアターの経営は決して楽ではない。映画の興行収入の半分は東京、残りの半分は京阪神、さらに残り半分は名古屋で、残り（全体の8分の1）をその他の地方で分け合うというのは、シネコンを含めた映画館の基本形らしい。地方のミニシアターの苦境は推して知るべし。そこにコロナ。

２０１９年の映画公開本数は１２７８本。その内の70％、約９００本が全映画館のスクリーンのわずか６％を占めるだけのミニシアターでしか公開されない。それがなくなったら、福島や沖縄やミャンマーやシリアや香港の雨傘運動や東京裁判のドキュメンタリーも劇映画も観られなくなってしまう。そういう意味で、ミニシアターは民主主義の多様性を担保する、表現の自由の最前線、と言っても決して大袈裟ではないだろう。

と、個人的な理由といささか大上段な理由で、一回目の緊急事態宣言の直前から「ミニシアターを救え」とばかりに、SAVE the CINEMAという活動を始めた。その時集めた署名が９万筆に達したり、連動したミニシアター・エイド基金がクラウドファンディングで３億円集めたりと、世間の「ミニシアターの火を消さないぞ」という思いに胸を熱くしたりしたが、緊急事態宣言が解除されても、そんなに簡単に映画館にお客さんは戻ってこない。

ならば、もっと小回りの利くことが出来ないかと考えた。ミニシアターでは大抵の作品で舞台挨拶やアフタートークが行われる。僕も自作公開のたびに全国津々浦々に押しかける。それを他人の作品でも出来ないものか。幸い、緊急事態宣言下でオンラインが急激に発達した。僕の知名度だけではお客さんを集めることは出来ない。しかし、オンラインならば、経費をかけずに知名度のある映画人を呼べる。そこで声をかけたのが、プライベートでも親しく、またSAVE the CINEMAの呼びかけ人でもあった荒井晴彦さん、森達也さん、白石和彌さんの3人だった。

そうして、ミニシアター押しかけトーク隊「勝手にしゃべりやがれ！」というユニットが結成された。ルールは三つだけ。作品は映画館が指定する。いま映画館で何か面白いことをやっていると思ってもらうためにトークは配信もする。ギャラも経費も一切派生しない。

6月14日、長野県・上田映劇の『i‐新聞記者ドキュメント‐』から始まったトーク隊は、ここに収められている以外にも、ゾンビ映画（『デッド・ドント・ダイ』）、カルト映画（『アングスト／不安』）、社会派映画（『オフィシャル・シークレット』）、京マチ子映画祭（『鍵』）など、どんなジャンルでも語ってきた。

それらを語っていく中で、図らずも世間で評判の映画や映画評論家が褒める映画が本当に面白いのか、その映画の見方はそれでいいのか、という問題に直面した。いや、前から持っていた問題意識が表面化したというべきか。

さらに図らずも、オンラインでトークを見た小学館の飯田昌宏さんからそれを新書化しないかという話をいただいた。瓢箪《ひょうたん》から駒とはまさにこのこと。当然、文字にする過程で原稿をチェックするのだが、この4人の凄いところはより過激に赤を入れてくることだ。本当に何の忖度も自主規制もない。

この本は、そんな4人、劇映画監督、ドキュメンタリー監督、脚本家と、出自も在り方も違う4人がガチンコでトークした一部始終です。共通するのは、映画と社会への誠実な向き合い方のみ。今のぬるま湯に浸かったような日本映画界に少しでも爪痕を残せたなら幸いです。この本を読んで、トーク隊を呼んでみたいと思った映画館がありましたら、遠慮なく声をかけてください。ミニシアターのみならず映画館の苦境はまだまだ続きます。皆さんも、ぜひ映画館へ。次は映画館でお逢いしましょう。


まん延防止等重点措置が東京に適用された日に

井上淳一

映画評論家への逆襲　目次

第１章　『仁義なき戦い』は国家と戦争を告発する

今まで観てきた映画と違っていて怖かった

井上　皆さんと『仁義なき戦い』の出会いから伺いたいと思います。

白石　僕は最初は、中学生の時にＶＨＳのビデオで観ました。僕は北海道の旭川の田舎だったんで、名画座もなくて20歳の時に東京に出てきてから文芸坐で『仁義なき戦い』の一作目（１９７３年）を観て、あとは名画座でやっているときに、そのつど観たって感じですね。

井上　一作目を観て一気に『仁義なき戦い　完結篇』（74年）まで行っちゃったの？

白石　いえ、行かなかったです。一作目で人物の相関図がわからなさすぎて（笑）。その熱量はすごく面白いなと思ったんですけど。やっぱり今まで観てきた映画とちょっと違っていて怖かったですね。ふつうに銃で撃たれたら痛がるし、撃つ時にビビッて撃ったりしているし、最初はそういう印象でした。

井上　それまでほかのやくざ映画って観ていたんですか。

白石　ほぼ観てないですね。Vシネマの『ネオチンピラ　鉄砲玉ぴゅ～』（90年、高橋伴明監督）とかは観ていましたけど。

井上　それで映画を志して東京に来て、観始めてからはどうでしたか。

白石　それは衝撃でしたよね。僕は中村幻児さんが主宰する映像塾に行ったんですけど、そこの顧問が若松孝二監督と深作欣二監督だったんです。深作監督も時々来て、呑みに連れてってくれたりしたんで、『仁義～』の時の話を聞いたりしてました。

井上　森さんは『仁義なき戦い』の舞台である呉出身ということですが。

森　出生地は呉ですけど、生まれてすぐに父親の転勤で引っ越しているから、まったく記憶にないのです。広島には何度も行っているけど、呉はずっと縁がない。中学3年で初めてデートしたとき、彼女から「映画を観に行こう」って言われて、「何がいいの」って聞いたら、「『仁義なき戦い』を観よう」と言われて。でも僕は『燃えよドラゴン』（73年、ロバート・クローズ監督）を観たいと言ったら、「じゃあ、いいよ、『燃えよドラゴン』にしよう」

と彼女が言って、結局その時は『仁義なき戦い』は観れなくて、ちゃんと観たのは大学へ入ってからですね。池袋の大学だったから、文芸地下でたぶん『仁義なき戦い』の5本立てオールナイトだったと思う。

井上　荒井さんが『仁義なき戦い』をご覧になったのは1973年のリアルタイムですか。

荒井　当然でしょう。何を言ってんのかね、君たちは（笑）。VHSで観たなんて驚いちゃうね。封切りは1973年の正月だよね。正月だから新宿まで行かないで、小金井の家から近い立川の東映の南座で観たんだと思うけどね。

やくざを否定するやくざ映画

井上　『仁義なき戦い』は今までのやくざ映画とは圧倒的に違ったわけじゃないですか。どんな感じを受けたんですか。

荒井　一番えっと思ったのは指の詰め方も知らない菅原文太が指を詰めると、それがポーンと跳ねて、鶏がくわえていっちゃうみたいなところで、あ、これは完璧に今までの任俠やくざ映画を否定しているんだ、リアリズム路線だと思った。本当はカッコ良くないんだよということをやっているんだと思って驚いたね。だからものすごく面白かった。のらりくらりと平気で裏切る金子信雄の山守組長がすごいと思った。脚本を書いた笠原和夫さんは金子信雄の芝居はやりすぎだよって言っていたけど。

井上 荒井さんは『昭和の劇―映画脚本家・笠原和夫』（笠原和夫・絓秀実・荒井晴彦著、太田出版）という笠原さんにインタビューした本を出していますけど、当時、『完結篇』まで5部作ぜんぶをリアルタイムでご覧になっていてどんな感じだったんですか。

荒井 そこで面白いなと思ったのは、深作さんは2作目の『広島死闘篇』（73年）で千葉真一がやった大友勝利のほうに肩入れしてて、笠原さんは北大路欣也がやった予科練の歌を口笛で吹いているような山中正治のほうに思い入れしてるわけだよね。戦争が終わった時、15歳だった深作さんと18歳で海兵団にいた笠原さん。その3歳の違いがものすごく大きいんだなって思った。その戦争体験も、深作さんは15歳で水戸で勤労動員された工場が艦砲射撃でやられたときに死体を片づけることをやっていたけど、ただ戦争に対して、大きな暴力というふうに戦争をとらえると、深作さんは暴力映画ばかり作っていたけど暴力を描いて暴力を否定するみたいなことをやるでしょう。笠原さんもやくざ映画をずっとやってきて、やくざってそんなにいいものではない、ろくでもないよと否定する。だから笠原さんに『昭和の劇』でインタビューしていて思ったのは、任俠物が書けなくなってきたと思うのね。嘘っぱちだから。笠原さんがホンを書いた『博奕打ち　総長賭博』(68年、山下耕作監督)は名作って言われているけど、社長の岡田茂には「芸術みたいなのを作りやがって。芸術では客は入らんぞ」って叱られたというふうに言っていた。「任俠道か、そんなもんは俺にはねえ、俺はただの、ケチな人殺しなんだ」って映画の最後で鶴田浩二が言うところがあって、あのへんから『仁義なき戦い』につながる感覚があったかなと思うけどね。

井上　東映の第一線でやくざ映画の脚本を書いていた笠原さんたちが、『総長賭博』で様式美とか言われながら、「ただの人殺しだよ」と言わせたり、深作さんだってその前の『現代やくざ・人斬り与太』(72年)でむき出しの暴力を描き始めたりというのをリアルタイムで観てくると、1972年には連合赤軍のあさま山荘があったりしたし、そんな時に「義理と人情」の任俠映画なんてウソだよっていうのは、観客である荒井さんたちも思っていたんですか。それとも、作家たちが先んじていたということですか。

荒井　いや、どうなんだろう。それは人によると思うけど、高倉健の任俠映画ってあんまり好きじゃなくて、でもあのころ、都市伝説みたいにオールナイトで健さんの5本立てを観て「異議なし！」って声がかかったとか、肩を怒らせて出てくるのが全共闘のメンタリティだなんて言われたけど、そんなのはねえよと思ったけどね（笑）。ただ、「任侠道なんてねえ、俺はただの人殺しだ」というセリフを「マルクス・レーニン主義なんて関係ねえ、俺はただの暴力学生だよ」っていうふうな言い換えはしていました。

優れた任侠映画には近代に対する抵抗がある

井上　だけどそういいながら、橋本治の東大駒場祭の有名なポスターがあるじゃないですか、刺青の高倉健を模した。

荒井　ああ、「とめてくれるなおっかさん　背中のいちょうが泣いている　男東大どこへ行く」という惹句ね。やくざ映画を支えていたのはそっちの稼業の人とその情婦、それから水商売関係と学生と言われていたからね。圧倒的に反権力性みたいなことで、やくざ映画に感情移入はしていたんじゃないかな。殴り込みとかはゲバルトやるときの気持ちと一緒だったんじゃないの。それと任侠映画ではだいたい刑務所から出てくると組は変質してってっていうパターンがある。主人公は権力とくっついて金儲けに走る組に殴り込む。優れた任侠映画には、そんな近代に対する抵抗みたいな感じがあるよね。で、女が「行かないで」って言わないで、「待っています」って送り出すんだよね。

井上　森さんは大学に入って、中学生の時に未遂に終わった『仁義なき戦い』を観てどうだったんですか。

森　うーん、その前に東映の任侠映画シリーズを観ていれば違う見方ができたのかもしれないけど、観てなかったですからね。そういう意味では比較の対象がないしね。ただうっすらと憶えているのはカメラがものすごい感じでブン回していて、そのころ、映画サークルに所属して名画座で小津安二郎や黒澤明などを観ていたので、こんなグジャグジャなカメラでいいんだとショックを受けた記憶はありますね。あと『仁義なき戦い』を5本一緒に観ると何が何だかわかんなくなって（笑）。死んだ幹部が名前が変わって、次の作品では別の組の若頭になっていたり、そのあたりで人間関係がグジャグジャになってて、だからそのころはあまり深い見方ができなかったですね。最近、このイベントのために、アマゾンプライムで一作目だけは観たんですけど。

荒井　森さん、じゃあ、一作目の最後で松方弘樹がおもちゃ屋で撃たれるシーンで気がつかなかった？
森　え、何ですか。気がつかない。
荒井　パンダのぬいぐるみがいるんだよ。
井上　パンダが日本に来たのは１９７２年で、映画は１９５０年代の話だから、ほんとうは日本ではパンダは知られてなかったはずなんですよね。
荒井　あれだけのスタッフがいて、そういうミスってあるよなあという例です。
白石　いや、あれは当時、深作さんが東撮（東映東京撮影所）にいて、京都撮影所でほぼ仕事をしていなかった深作監督への京撮スタッフたちのいやがらせだったと聞きましたよ。そういうことを乗り越えていかないと京都では撮れないという。
荒井　いやあ、もう京撮、最低。

溢れ返る躍動感と神経質なまでの構図

井上　荒井さんは自分も苦い思い出があるから（笑）。僕は東映じゃなくて松竹京都だから『戦争と一人の女』（13年）で助けてもらいましたけどね。白石は深作さんにいろいろ話を聞いてみたっていうけど、どうだったの？

白石　やっぱりこの『仁義なき戦い』シリーズの面白さって、役者が、川谷拓三さんもそうだけどピラニア軍団と呼ばれる大部屋俳優の人たちが、とにかく躍動しているじゃないですか。どういう演出をしたんですかって聞くと、深作監督はとにかく挑発しまくっていたと話していましたね。美術の今村力さんとけっこう仕事をしているんですけど、深作組も何本かやってて、この頃も助手をやっていたと思うんです。今村さんには深作さんの映画作りの癖みたいなものを聞いたんですけど、空間恐怖症というか、とにかく画面を人とモノで埋めていく。見直しても、とにかく人が常に画面にいて、しかもそれが実は生々しく撮っているようで、神経質なまでに意外に構図ができていて、というのがほんとうに徹底されているなと思いますね。これは監督をやるようになって、映画のことがわかってから気づいたことですね。観れば観るほどすごい映画だなと思います。

井上　『仁義なき戦い』は笠原和夫さんのシナリオ文脈で語られることが多いじゃないですか。でも監督白石和彌が観るとそういう見方になる。ただ深作さんのフィルモグラフィを見ると、その前年（72年）に『軍旗はためく下に』と『現代やくざ　人斬り与太』を撮っていて、圧倒的に演出方法が空間恐怖症といわれるものに移行するじゃない。その前はそうでもないですよね。

白石　そう思います。それもあるし人物の動かし方が独特で、板付きのシーンもあるんですけど、人物をそのシーンの中で必ず動かしていって常に飽きさせないように躍動させていく。それはすごく参考になりましたね。

井上　役者の芝居でも今までの義理人情の任侠映画シリーズとは5割増しぐらいに演技がオーバーじゃない。何年か前に学生に『仁義なき戦い』を観せたときに、あまりにも芝居が大げさなんで入っていけませんでしたって言ったやつがいるのね。

白石　この映画の登場人物ってみんな自分のことしか考えてないじゃないですか。だから好き放題で役者としてはやりやすいホンだと思いますよ。深作さんも役者を焚きつけてたんでしょうけど。それがこういう芝居合戦みたいになっていったのは、この映画の大きな魅力なんじゃないかと思いますね。

井上　森さんは学生時代に観て、その後、観返したりはしたんですか。

森　いや、観返してはいないです。だから今回、観返したと同時に、ネットで検索していろいろ俄《にわ》かに勉強して、そこでたとえば、最初に闇市で菅原文太さんが追跡するシーンがあるじゃないですか。あのあたりカメラがブン回しでどんどん行くのかなと思ったら、カメラを隠して、カメラは吉田貞次さんでしたっけ。役者もカメラがどこにあるかわからなくて、あの時代にこの撮り方するってすごいなと思いました。あと白石さんが言ったけど役者がみんな躍動感があり、生き生きしているっていうのは感じますね。

荒井　当然、カメラは1台じゃないでしょ。『赤穂城断絶』（78年）のときに、萬屋錦之介さんと深作さんがやって、カメラも何台もあって、萬屋さんが「やめてくれ。役者はカメラに向かって芝居をするんだ。どのカメラを使うんだ」って抗議したらしいですよ。

乱闘の真っ只中にカメラを持ち込む欲望

井上　『柳生一族の陰謀』（78年）の時はカメラは1台だったんだけど、めちゃめちゃ動いて最初にあった位置と最後のカメラ位置が違うんで、それで萬屋さんは『赤穂城断絶』のときに宮島義勇さんを連れてくるんですよ。でも深作さんが宮島さんにもそれをやらせようとするから、萬屋さんが怒ったという話を聞いたことがある。

白石　『仁義なき戦い』は、カメラは1台だと思いますね。たぶん『広島死闘篇』は山中が逃亡するところが16ミリのブローアップだと思うんです。ほかのシーンは35ミリですね。

井上　ぼくも最初、文芸坐のオールナイトで『広島死闘篇』を観たときに、突然古いフィルムで上映しだしたみたいに思った記憶がある。

白石　かなり増感しているんですね。

井上　白石はその後、『仁義〜』と同じく呉を舞台にした『孤狼の血』（18年）というやくざ映画を作ったけど、やっぱり意識した？

白石　いやいや、だから『仁義なき戦い』のような世界観を借りて柚木裕子さんが原作の小説を書いたんで、書いてあることはほとんど『仁義〜』の世界で、主人公のベテラン刑事大上という役所広司さんにやっていただいた役は最初読むと『仁義〜』の文太さんとしか思えないですよ。だから、それをそのまま手持ちカメラでブン回してみたいなことをやろうとしても、絶対追いつかないじゃないですか。当時の人たちはみんなやくざと飯を食って、兄弟分になってスタッフの半分ぐらいは紋々が入ってというような世界でみんな撮っているわけですから、かなうわけない。だから違うアプローチがないかなと思って、できるだけ端正に撮っていこうと、逆に逆に行こうと思っていましたね。

井上 これは『ひとよ』（19年）の時だけど、僕も一緒にやっている鍋島淳裕さんというカメラマンが「白石さんは中にカメラを置きたいんですね」って言っていたけど、深作さんもその当事者性みたいなカメラワークをするじゃないですか。

白石 そうですね。だから望遠でも撮っているけど、乱闘しているその中にカメラを持ち込みたいというのがすごくあるみたいですよ。黒澤明監督の『七人の侍』（54年）の最後の戦いとかは基本的に望遠で撮っていくやりかたなんだけど、深作さんはレンズを広角にして被写体にとにかく近づきたいというのが生理としてあったんじゃないかと、『仁義～』を観ていて感じましたね。

井上 荒井さんは深作欣二さんの演出を観ていて思うことはありますか。笠原和夫さんは最初、『仁義なき戦い』を深作さんが撮るのをいやがったんですよね。

荒井 深作さんが笠原さんに電話して、「脚本を1行も変えないから俺にやらせてくれ」と言ったというのね。

井上　その前に『顔役』（65年）で深作さんが笠原さんの書いたホンをこんなんじゃ撮れないとめちゃめちゃ直した挙げ句、体調を崩して、石井輝男に監督が交代するということがあった。

荒井　そうそう。でも、できあがった『仁義なき戦い』を観て、「間違っていた。深作でよかった」って言っていますよね。

撮影現場では、いわばやくざと共同制作

井上　みんながほめる金子信雄なんですけど、最初は三國連太郎さんにオファーしたらしいんですよね。それが断られて金子さんになったら、ああいう山守を演じて、笠原さんは、いくらなんでもやりすぎだろうって、あそこまでやったらさすがに神輿が軽すぎて担ぐ奴はいないだろうって。もう一つ、実録にしては、やくざを美化しすぎだろうとも言っているんですが、当時、そういう評論とかはあったんですか。

荒井　いや、それはわかんない。ただやくざ映画に対する否定的な雰囲気はあったから、あったのかなあ。でも『キネマ旬報』のベストテンでやくざ映画が上位（『仁義なき戦い』

が2位、『仁義なき戦い　代理戦争』が8位）に来たのは初めてじゃないかな。それまではやくざ映画とロマンポルノはベストテンの圏外だった気がする。ロマンポルノが「キネ旬」ベストテンに入った時に、ベテランの映画評論家は選考委員を辞めるということがあった。

井上　それまでやくざ映画に見向きもしなかった朝日新聞が、はじめて映画評で取り上げ絶賛した、とも笠原さんが書いてましたね。

森　さっき井上さんが『仁義なき戦い』を初めて観た人はどういう感想を持つだろうって言ったのは僕も興味あるところで、今はもうやくざというのは反社会的勢力なわけでしょ。当時におけるやくざの位置と今の位置とはぜんぜん違う。それこそ『仁義〜』のときには実録だから、自分をモデルにした役を俳優が演じるとき、太秦の撮影所の中で、「わしはそんなこと言わん」とか「そこでハジキを撃ったんじゃ」とか（笑）演技指導までしたっていう話があるけれど、いわば共同制作ですね。今なら大変な問題になります。基本的には反社会的な存在だから、テレビの画面においても彼らは顔を出せない、必ずモザイクの入る存在です。別にルールじゃない。自主規制です。

40年以上も前だけど、たとえばテレビドキュメンタリーの世界では伝説的な存在である

ＲＫＢの木村栄文が作った『祭りばやしが聞こえる』（75年）は、九州のテキ屋の親分と組員たちを撮っています。もちろんノーモザイク。でもそんな作品はもう作れないと誰もが思っていた。だから3年前に東海テレビが、大阪の指定暴力団「二代目東組」に密着した『ヤクザと憲法』（16年）というドキュメンタリー番組を放送したとき、テレビ業界の人たちは僕も含めて、大きな衝撃を受けたんです。何だよ撮ってもいいのかよって。『ヤクザと憲法』は放送後に再編集して映画になったけれど、最初の印象は、やっぱりやくざたちがみんないい顔しているんです。『仁義～』は当然みんな俳優さんたちがやっているんだけど、当時は、距離が近かったんじゃないのかな。今、『ヤクザと憲法』を観てもそのままキャラクターがピラニア軍団として『仁義なき戦い』に出てきても全く違和感がない存在で、いろんな意味で『仁義なき戦い』のなかでは作り物なんだけど、それが反転してリアルになってしまっているみたいな不思議な印象を、今回『仁義～』を再見しながら、あらためて感じました。

白石　ほんとうに、じゃあ、ここで撮影しますって言ったら、その地元の組の人が交通整理しに来てくれて、「任しといてください」って言って、全部やってくれるっていう。

井上　それを言ったら、われわれの師匠の若松孝二も若い時は新宿の安田組にいて、撮影現場の交通整理をしていて、助監督になった人ですからね（笑）。

荒井　それで面白い話で、ニッポン・コネクションというドイツの日本映画祭でフランクフルトへ若松さんと一緒に行ったときに、飛行機の中で隣で映画を観ているんだよ。何を観てんのかなと思ったら、「荒井、これ面白いな」っていうから「何ですか」って覗いたら、『仁義〜』なんだよ。「今ごろ観てるんですか。深作さん、お友達じゃないですか」って言ったら、「俺、やくざ、嫌いだもの」って（笑）。

やくざ映画で国家の犯罪を告発する

井上　あれは2005年か。

白石　30年ぐらいずっと若松さん、深作さんと仲がいいと言っていたのにひどいなあ（笑）。

井上　森さんが『仁義なき戦い』にあまり反応しなかったというのは、やくざ映画というジャンル自体、嫌いだったんですか。

森　いや、嫌いじゃないですよ。でも大学生の頃はもっとウェルメイドなストーリーテリングで見せるみたいな映画ばかり観てたような気がします。

荒井　『ゴッドファーザー』（72年、フランシス・フォード・コッポラ監督）なんかはどうですか。

森　だめですね。もっと単純に人の機微みたいなものは違うところで描けるんじゃないかなというのがあったから。暴力シーンがひょっとして嫌いだったのかなあ。あの頃はニール・サイモンとかウディ・アレンばかり観ていたから。

井上　へえ、意外。

森　恥ずかしいね、こういう話は。弱点を今、言ってしまったような気がするけど。昔です。もう30年以上前ですから。

井上　でもこういう話っていいですね。中学生の初デートで『仁義〜』を観たいって言われて『燃えよドラゴン』を選んだり、ニール・サイモンが好きって三谷幸喜かっていう（笑）。白石さんはどうなの。やくざ映画って。中・高生の時にVシネが全盛でいっぱいやくざ映画があっただろうけど。

白石　当然そこから『仁義〜』を観ているんですけど、東映さんも実録物もわりと早い段階でネタがなくなっちゃうじゃないですか。そこからこの世界観を利用して『資金源強奪』

（75年）とか、『暴走パニック大激突』（76年）とか、より劇画化になっていった。それがけっこう好きで、そこからさらに派生していったのが『県警対組織暴力』（75年、すべて深作欣二監督）で、好きで観ていましたね。

井上　昨日も僕たち、渋谷ロフト9でトークをやったんですけど、その中で最後に荒井さんが「お客さんはバカ様です」と言ったことに絡んだ人がいて、「映画は娯楽なんだ」って批判されたりしたんだけど、『仁義なき戦い』を観ていても、組織というものがいかに脆弱なものであって、それでも組織に頼らなければならない人間がいかに滑稽であるか。その組織の最たるものが国家で、組織の犯す最大の過ちが戦争であり、戦争の中で一番犠牲になるのが若い人たちだよ、という。そういうことを、娯楽であるやくざ映画でやろうとしているわけじゃないですか。任俠映画だって、絶対にシャブは売らないという古い価値観を守ろうとする昔ながらの組と、金のためなら手段を選ばずという近代的な組織との対決という、近代への抵抗、資本主義への懐疑をやっている。ある時期までの時代劇だってそうじゃないですか。時代劇の形を借りて、世の不条理を撃つ。そういうことは荒井さんの周囲の映画青年たちは読み取って、映画を観たら同世代で話していたわけですよね。

でも、今はそうやって読み取ってもくれないし、読み取れる「何か」を描いている映画もない。娯楽という言葉が完全に一面的になっている。

被差別部落、在日朝鮮人の問題は避けて通れない

荒井　当時、映画の見方で、たとえば〝企業内抵抗〟という言葉があってね、作家が会社のお金で撮る中でどれぐらい会社の要請に抗って、自分の作家性、政治的主張を出しているのか。それが評価の基準だったね。だから深作さんの『誇り高き挑戦』(62年)は、ラストで鶴田浩二がサングラスを外して国会議事堂を見る場面に深作さんの反米・反権力を読んでいくという。国会が悪いという社会性っていうか。だから、昔からやくざ映画という形を借りて、何か言う人は言っていたような気がするね。笠原さんは『やくざの墓場　くちなしの花』(76年、深作欣二監督)でやくざを描くとき、被差別部落の問題、在日朝鮮人の問題は避けて通れない、それが描けないなら俺はもうやらないと言ってましたね。それから『広島死闘篇』で梶芽衣子の役もたしか被差別部落の女性として書いているんだけど曖昧にされるんだ。

井上　『広島死闘篇』の梶芽衣子は、村岡組という広島の大きい組の組長の姪っ子なんですが、鉄砲玉でチンピラの山中正治（北大路欣也）に惚れてしまう。笠原さんは、村岡一族が被差別部落の出身で、だからこそ梶芽衣子は金看板のやくざである山中に執着するというテーマをやろうとした、って言っていましたね。

森　最初はそういうホンだったんですか。実録だから、実際にそういう人だったわけですか。ああ、それは知らなかった。

井上　しかも『広島死闘篇』の山中に関しては、ほんとうは時間軸でいえば、一作目と同じ敗戦直後なんですね。でもこれからのシリーズ展開もあるし、闇市をもう一度作るのはお金がかかるしで、昭和30年ぐらいからの話にしてくれと会社から頼まれて、戦争に行き遅れた元軍国少年がゼロ戦の代わりに拳銃で予科練の歌を歌いながら人を殺していくという純情が見えなくなった、とやはり笠原さんが書いています。

荒井　『やくざの墓場　くちなしの花』でも梶芽衣子がシャブ中になる刑事の渡哲也の彼女の役をやるんだけど、在日の設定じゃなかったかな。それで「日本人は信用できない」っていう笠原さんの書いたセリフを、深作さんは「警察は信用できない」って変えちゃうという、そういう壁がある。でも『日本暴力列島　京阪神殺しの軍団』(75年、山下耕作監督)では柳川組っていう在日の強力な組をやってるじゃない?

井上　あの映画も在日という言葉は一言も出てこないけど、ファーストシーンでチンピラ同士の殴り込みの時に、キムチがバーンと飛んだりしますからね。

森　『孤狼の血』だって養豚場がけっこう大きな意味合いで出てくるじゃないですか。もしかしたら、そういうことを匂わせてるのかなって、ちょっと考えました。

白石　いや、もう完全にねらっています。

荒井　もうちょっとハッキリやろうな(笑)。『俺達に墓はない』かな、岩城滉一がヤクザに豚小屋に監禁される。

井上　『孤狼の血』はレンタルで並んでいるんで、ぜひ、ご覧になっていない方は観ていただきたいんですけど。養豚場に関しては、セリフでハッキリ書いていても、それを切らざるを得なかったとか。

白石　そこまでセリフは書いていないんですけど、やっぱりそういう地域性とか、どこからそういうやくざの人たちが出てきたのかって当然突き詰めていくと、思い当たりますよね。それと『孤狼の血』は、『仁義なき戦い』の世界観をお借りして、昭和63年の正月、昭和と平成の切れ目ぐらいの設定でやっているんですけど、一番、悩んだのは出てくる人たちが戦争を引きずっているかどうかっていうことですね。『仁義なき戦い』は当然、それが如実に当たり前にあって、それが見つけられるかどうかというのが難しかったですね。

「あれらはオメコの汁で飯喰うとるんで！」

井上　今、配信の方で質問を受け付けていますが、『仁義なき戦い』でとくに印象に残っているセリフはありますかという質問ですが、いかがでしょうか。

森　やはり最後の菅原文太が「山守さん、弾あ、まだ、残っているがよう」ですね。これはいろんな意味で使えますよね。

井上　実際に、文太さんは亡くなる直前に沖縄で講演をして、最後に「安倍さん、弾はまだ残っておるがよう」と政権批判を込めて言ったんですよね。

白石　やはり『広島死闘篇』の大友勝利が名セリフマシーンで、「あれらはオメコの汁で飯喰うとるんで！」っていう下品な最高のセリフを吐きまくっていますよね（笑）。

荒井　それは『県警対組織暴力』でもやっているよね。笠原さん、東映に入る前にラブホテルみたいなところで働いていて、それで食ってたみたいなところがあるからね。

井上　僕はやはり「神輿は軽い方がええんよ」ですね。それこそ、安倍政権にも通じるみたいな（笑）。

荒井　井上と白石にとって若松さんは神輿じゃなかったの？

白石　別に神輿ではないですよ。

荒井　俺や足立（正生）さんは神輿の感じでやっていたけどね。いかにうまく乗せるかって。

井上　荒井さんの時代と違って、僕たちの頃は若松プロもそんなに仕事もしていなかったし、だから疑似親子関係という意味では、親分、子分みたいなことがあったかもしれないですけど、あまり神輿という感じはなかったなあ。

白石　僕もまったく同じ意見です。

荒井　足立さんも俺もそうだけど、若松さんは面白いし魅力的な人なんだけど、やはり批評的に見ざるを得ない。井上はゴマすりテープなんか作っていたぐらいに献身的だったから。

井上　これ、観てる人は『仁義なき戦い』の話なのに、若松って誰なんだと思いませんか（笑）。森さんなんかは、ちなみに今の話でいうと、実生活で山守みたいな人とああいう関係になったことはあるんですか。

森　僕は最初テレビだし、テレビの世界であういう位置にいた人はほぼいない。だってテレビに失望して、やめるつもりでテレビから排除されて映画の世界に来てしまったという感じだから。尊敬できる人はいるけど、師匠はいないです。

妬み、嫉み、裏切り…「やくざって根は女」

井上　これから上映される『広島死闘篇』で笠原さんは、ほんとうは北大路欣也扮する山中正治が刑務所の中でカマを掘られるシーンを書きたかったというんです。カマを掘られて男性性を蹂躙された人は、逆にシャバに出てから鉄砲玉になりやすいと。

荒井　いや、要するに男だっていうことをどっかで証明したくて、女のところに行くんだけど、勃たないと。で、上の人に殺《や》りに行けと言われたら、よし、男を売れるっていうんで、すぐ行くということは言っていますね。

井上　一度笠原さんに聞いたことがあるんですけど、菅原文太の広能昌三のモデルだった美能幸三さんに取材に行ったときに、美能さん、刑務所でカマを掘りなれてるから笠原さんを口説こうとするんですって。ずっと太ももを触られて、でも取材しなくちゃいけないから、手を払いのけられなくて、どうやってこの危機を逃れようかと思いながら取材したんだって（笑）。

荒井　俺、笠原さんに言われたことがあるよ、海軍もそうだったって。君なんかねえって。

井上　今、やくざ映画をやるんなら、そういうことができると面白いですね。『広島死闘篇』の時はあまりに山中のモデル（実際は山上）が広島でスターすぎるから、美能さんにやっちゃいけないと言われたと。

荒井　それとやくざは男の世界っていうけど、女に近いという風に言ってるよね。妬み、嫉《そね》み、裏切り、やくざって根は女なんだよって、笠原さんは言っていたよね。

井上　じゃあ、この映画は作りとしてほんとうに女だけの世界に広能昌三という男がひとり入っているんですかね、主役ということもあるけど、文太さんだけはそう作ってないですよね。

荒井　それはモデルの美能さんに遠慮しているっていうか美能さんの意見もだいぶあったみたいだから、最初に書いたホンは女との別れのシーンで終えようとしたら、美能さんから、「俺はこんなこと、しとりゃあせんぞ」と言われて、ああいうラストになったと言っていましたね。

井上　ラストの葬式のシーンは、女との話で終われなかったから、ああなったということですか。

荒井　そうそう。

井上　最初、『仁義～』は松方弘樹さんが広能で、坂井鉄也が菅原文太さんだったんですね。でもシリーズにしたいから、文太さんが死ぬと困るんで、逆にして今の形になったんですよね。

荒井　あと、美能さんの役というのは動かないんだよね。だから主役たりえないんじゃないかって笠原さんは思っていたんじゃないかな。

井上　だって『仁義なき戦い　完結篇』なんて、ずっと広能は刑務所に入っていますからね。

真摯な戦争映画の間に4本の『仁義～』がある

荒井　それと若い頃は『広島死闘篇』が一番いいな、好きだなって思っていたけど、自分がシナリオを書くようになってから観たり読んだりすると『代理戦争』っていうのは一番すごいな。電話だけで若い連中が死んでいくという。

井上　ちなみに森さんは『仁義なき戦い』の5本のなかではどれが一番お好きですか。

森　印象だけですけど、僕も『代理戦争』です。具体的にどこって憶えてないけど。

荒井　井上、『仁義なき戦い』は4部作っていうんだよ。笠原さんが書いた4本が『仁義なき戦い』。

井上　ああ、5本目は笠原さんが『頂上作戦』(74年)までで描き切ったということで、高田宏治さんに資料を全部渡して、代わったんですよね。ちなみに白石はどれが好きなの？

白石　僕は『広島死闘篇』のアメリカン・ニューシネマ感とかはいまだに観直してもすごい、刺さるものがあります。ああいうのって、やろうと思ってもなかなかできないですね。

荒井　当時、驚いたのは、俺、やくざが自殺するっていうのに衝撃を受けたんだ。渡哲也の石川力夫が自殺する『仁義の墓場』(75年)はこの後だから。
白石 最後に『仁義なき戦い』の続編を作るとしたら、主演を誰にしますかっていう質問なんですけど。
井上 白石から言ってみる？
白石 いやいや、散々、いろいろ考えて『孤狼の血』である程度、答えを出したつもりなんで。
井上 松坂桃李ってことか。
白石 でも、まだまだちゃんとやってもらえれば人材は豊富だと思いますね。
井上 荒井さんは誰にします？
荒井 石井隆の『GONINサーガ』(15年)をやっている連中なら、みんなできんじゃないの。東出昌大とか柄本佑とか。
森 今の質問は『仁義なき戦い』の続編ということであれば、その主演、文太さんの位置というのは狂言回し的なところがあるじゃないですか。彼は動かない。で、まわりがどんどん動いていく。だからそういうキャラクターで誰がいいのかなって思ったけど、少なくとも、やっぱりねという人にはしたくない。意表を突きたいですね。だから、たとえばジャニーズ事務所の誰か、とかね。

井上 僕は狙って言うと、ウーマンラッシュアワーの村本大輔かな。ああいう政治漫才やる人がやったら面白くないですか。そういうものを内に秘めた人が。ちょっと狙いすぎだけど。

荒井 あと、やっぱり『仁義なき戦い』は最後、いつも原爆ドームで終わるということがいいよね。深作さん、笠原さんがやろうとしたのは戦争なんだと。深作さんは『仁義なき戦い』の前に『軍旗はためく下に』(72年)を撮っていて、これが左からの天皇批判だとしたら、間に『仁義〜』があって、その後に笠原さんのホンで『あゝ決戦航空隊』(74年、山下耕作監督)がある。これは右からの天皇制批判なのね。つまり深作さんと笠原さんのかなり真摯な戦争映画の間にはさまっているのが4本の『仁義なき戦い』なんだよね。

2020年6月28日、シネマプラザ　サントムーン(静岡県駿東郡清水町)にて

第2章　ポン・ジュノ監督、あるいは表現と時代の奇しき関係について

映画青年が作った映画だなっていうのが第一印象

井上　今回のトークは急に決まったので、白石和彌監督はスケジュールが合わず、この3人でやります。森さんはポン・ジュノの長編デビュー作『ほえる犬は噛まない』（00年）を今回、初めてご覧になったそうですが、これまでのポン・ジュノの作品は気にされていたんですか。

森　ええ、『殺人の追憶』（03年）は観てないんですけど、『グエムル―漢江の怪物―』（06年）と『母なる証明』（09年）は観てました。もちろん『パラサイト　半地下の家族』（19年）も。実は、昨日の夜、あわてて『スノーピアサー』（13年）を観ました。

井上　荒井さんは、ポン・ジュノの作品は『ほえる犬は噛まない』から順序だててご覧になっていると思うんですけど、netflixで配信されている『オクジャ』（17年）は観ていますか？

荒井　それは新しいやつ？　観てない。

井上　ちなみに僕は、東京国際映画祭の「アジアの風」部門で『ほえる犬は噛まない』が初上映された時に、なんの予備知識もなく観て、なんという傑作が現れたんだろうとびっくりして以来、『オクジャ』以外は全部観ています。森さんは『映画芸術』に『パラサイト』のことを「何かが足りない」的なニュアンスで書かれていましたけど、いかがでしたか。

森　僕は『パラサイト』に足りないものが全部、この『ほえる犬は噛まない』にあるんじゃないかと思ったんですが。

井上　初々しいですよね。映画青年が作った映画だなっていうのが第一印象ですけど、ポン・ジュノに限って言えば、彼の中での最高作とは思わなかったですね。

森　ちなみに森さんの中でポン・ジュノの最高作ってなんですか。

井上　一番手ごわいのは『母なる証明』かな。

森　荒井さんは、このトークテーマでやりますと言ったときに「ポン・ジュノの中では『ほえる犬は噛まない』が一番傑作じゃないの」って言っていましたけど、観直してどうでした？

荒井　まあ、一番まとまっているっていうか、わかりやすい映画だよね。あの巨大な団地の警備員のおじさんは犬を殺しているのに、なぜ捕まらないの？　団地の地下に住んでいる浮浪者のほうが捕まっているけど。最初は警備員のおじさんが犬を食べてるんじゃないの？

井上　警備員のおじさんは食べたけど、主人公の青年（イ・ソンジェ）がロッカーに閉じ込めた犬は中で餓死していて、おじさんは死体を食べただけだから、犬は殺してないっていう解釈だと思いますよ。

荒井　あ、そうなの？

井上　だって、主人公が団地の屋上から放り投げて殺してしまったもう1匹の犬だって、あのおじさんは自分で埋めておいて掘り返して食べようとするじゃないですか。

定型的な物語をものすごく拒否する

荒井　あ、そうか、そうか。拾ってくるからか。自分で手を下してないものね。最後、あの青年が犬食いの証拠だと思って鍋を開けたら、中身は羽根をむしられた鶏だったっていう、あれは何なの？

井上　それは普通の映画の常道の外し方と同じだと思いますよ。犬かと思ったら、鶏だったと。あのおじさんは犬が手に入ったときだけ犬を食べていて、それ以外は普通に鶏を食べてたという意味かと。ところで、荒井さんは『母なる証明』以降のポン・ジュノは評価していないですよね。

荒井　『母なる証明』は、ラストの観光バスの中で母親が踊っているところからして、よくわかんない。

井上　荒井さんは、ポン・ジュノの中で一番、面白いのはどれですか。

荒井　『殺人の追憶』のクオリティは、韓国映画もここまできたかと思ったけれども、それ以降、だんだん、つまんなくなって。『スノーピアサー』にはがっかりした。近未来物が好きじゃないというのもあるけど。この列車はどこを走ってんのって。

井上　『母なる証明』のことで言うと、当時、荒井さんは、知的障害のある主人公の青年がお母さんの鍼灸道具が殺害現場に落ちているのを見て、お母さんが目撃者の老人を殺したんじゃないかって気づくのは、障害者の便利使いじゃないかと批判したんですよね。あそこで気づくのはご都合主義じゃないかって。

荒井　ああ。

森　当然、いろんな解釈があって、だから、実はあの主人公の青年は障害者じゃないんだ、障害者を装っているんじゃないかっていう解釈をした人もいましたね。僕はそうは思わなかったけど。『映画芸術』にも書いたことなんだけど、『パラサイト』もそうだし、『母なる証明』が特にそうなんだけど、ポン・ジュノは定型的な物語をものすごく拒否するんですよね。ふつうはこっちへ行くよねっていうときに全然違う方へ行くみたいなことをやっていて、その小技みたいなものがずっと全編を通して出ていて、『母なる証明』でも、結局、あれは何だったんだろうということになる。最後になると。冤罪じゃないわけだし、ふつうはこの手のドラマであれば、母親が必死に息子の冤罪をはらすっていう話かと思ったら、そうはならないわけでしょう。『グエムル―漢江の怪物―』も、最終的には娘が死んでしまう。定型的な物語の流れであれば、ふつうは死なないよね。

井上　ハリウッド的な文脈というかハリウッドのみならずふつうの映画であれば、子供を殺すのは絶対にダメですよね。なのに、一番助けるべき対象であった娘をあっさり死なせる。でも、あの映画の肝ってそこなんですよね。娘を死なせて、浮浪者の男の子を代わりに新しい家族として育てるという。明らかに、森さんの言う「定型的な物語」に対する圧倒的な「拒否」をやっている。あと、家族って血が繋がっていることがすべてなの？　みたいな価値観に対する問いかけも。当時、荒井さんも、娘を殺したことにやっぱりシナリオ的に抵抗がある、映画としてどうよと言っていたと思うんですけど。

荒井　いや、俺はウェルメイド派だからさ（笑）。いわゆるハリウッドパターンを壊しているなあというふうに思ったよね。

格差社会がカタストロフィを引き起こす

井上　『ほえる犬は噛まない』でいえば、あの主人公の大学教授になりたい青年は実際に犬を放り投げて殺すわけじゃないですか。だけど、最後に、ペ・ドゥナが青年を追っかけて、彼の背中を見ながら、彼が犬を殺した犯人だと気づいたのかどうかはやらない。だから、犬殺しの罪は問われないまま、青年は大学教授になって、教室で、ファーストシーンで団地にいたときと同じような後ろ姿で居心地悪く佇んでいる。勧善懲悪というか罪は裁かれるべきという定型を拒否しているんですよ。

　僕が『ほえる犬は噛まない』はなぜ傑作かというと、この映画には、いろんな意味で『パラサイト』に至るまでのポン・ジュノのドラマトゥルギーが全部、詰まっているような気がするからなんです。高層団地に住んでいる人の中にも格差があり、底辺には警備員がいて売店の女の子がいて事務員がいて、さらに『パラサイト』と同じように、地下に住んでいる名もなき浮浪者のおじさんがいるという構造があり、そのうえで物語的、価値観的な定型を壊している。それが『スノーピアサー』になると列車という横位置になるわけですけど、『パラサイト』ではふたたび縦の構造に戻ってくる。森さんは定型を拒否してると言っていましたけど、実は『パラサイト』は意外と定型どおりに行ってないですか。

森　でも王道の定型でいえば、ラストの修羅場をあそこまで過剰にする必要はないし、パラサイトする一家の娘も死なないと思うんですよね。犬もそうだけど、ポン・ジュノはけっこう生き死にというところで、こちらの思いというか物語の常道を壊すよね。物語の一つの定型、一番アーキタイプ的な定型ってやっぱり生き死にだと思うんですけど、それに抗っている監督なんだろうな。だから『パラサイト』もけっこう外しているところはあるような気がしますよ。

井上　たしかに娘もそうですけど、お金持ちのお父さんだって殺されるようなことは何もしてないんですよね。

森　そうそう。だから『パラサイト』では人が死ぬシーンは必要ない。なくたって全然、成立するんだけど、やっぱり、ポン・ジュノは誰かの死を入れたくなっちゃうんだろうね。

井上　だからどうやったって、ああいう格差が強力にある社会は、カタストロフィを引き起こしてしまうということなんでしょうね。

森　それが基底にあるんじゃないかな。『母なる証明』だって、母親が目撃者のおじいさんを殺して小屋に火をつけるシーンがあったけど、あれだってドラマトゥルギーの王道としては、殺す必要はまったくない。むしろ母親にも殺人をさせることで、ドラマとしての求心力が散乱してしまう。『スノーピアサー』の破綻もすさまじい。あんな大量殺戮する必要はないし、エンタメとしても歪になっている。だからどこかで、オーソドックスな物語の定型を壊すぞみたいな思いが、ポン・ジュノには常に働いているんじゃないかなという気がする。『ほえる犬は噛まない』の犬だって、普通は殺さないよね。放り投げるシーンを見せて「え！」と思わせても、次のカットでは屋根かなんかに実は引っかかっていましたとかの処理にする。でも彼はそれをしない。暗黙の了解をあっさりと壊す。

ポン・ジュノには格差社会に対する批判性がない

井上　しかも『ほえる犬は噛まない』では犬を殺した主人公の青年をあまり憎めないじゃないですか。その辺がうまい。あと、犬が放り投げられたときに、ペ・ドゥナはずっと犬を見て、バーッと追いかけていくけど、太った友達の方は、落ちた自分の双眼鏡のほうに走っていくんですよね。ああいうときにペ・ドゥナのように犬の死を気にする人もいるけど、自分の双眼鏡だけを気にする人もいて、同じ貧しい人のなかでも分断、違いがあることをわりと図式的にきっちりやっている気がするんです。その図式が一番図式に見えないのが『ほえる犬』と『殺人の追憶』で、このふたつの作品はちょっと異色な感じがあるじゃないですか。ウェルメイドが好きな荒井さんとしては、定型を壊していくポン・ジュノってどうなんですか。『パラサイト』なんか、森さんが言うように定型を外しても、あるドラマツゥルギーには戻って、アカデミー賞で世界で評価されたりするじゃないですか。

荒井　それはヤバいことは全然やってないってことだよ。だから方法論的に外している、ドラマツゥルギーとして外しているのかわかんないけど、『パラサイト』があんなに受けちゃったということは何だろうな。あれを見て格差社会のことを考えるとかそういうふうにはならないいんじゃないの。

井上　そうはならないけど、少なくともアカデミー賞で評価したり、カンヌ映画祭で評価した人には、その意図は伝わっていると思いますよ。

森　それについては、僕も荒井さんの見方に賛成で、『パラサイト』を観て格差社会について深く考える人ってまずいないと思うんです。それならケン・ローチとか是枝裕和さんの作品のほうが響くものがあるんじゃないかな。たしかに個々の作品は少なくとも格差社会をテーマにしている。だけどポン・ジュノには格差社会に対する批判性がないんだよね。どっかで遊んでるというかな。

荒井　森さんが『映画芸術』で『パラサイト』が面白いか、面白くないかと聞かれるなら面白いと答えると。その面白さというのは考えさせる面白さじゃないんだよ。考えさせない面白さなんだよ。そういう意味では、いわゆるバカなお客さんが好むところのエンタメ映画で。だってさ、俺が批判しているのは、格差社会っていうのはまず家族が崩壊するんだよ。あんな一致団結した家族ってありえないよ。かなり前の階級社会っていうかな。貧乏人チーム、もう家族じゃなくてチームなわけだよ。で、結束してパラサイトしていく。そこがもう嘘なわけなんだよ。家族はバランバランになるし、金持ちのほうもバランバランになるし、そこでドラマを作っていかなければならないのに、もうひとつ地下の住人を出してみたりして、どうもあの話法が好きじゃないなあ。

井上　貧乏なソン・ガンホ側の家庭教師になる息子とお金持ちの娘ができちゃったりして、ちょっとやろうとしてるけど、かすっているだけなんですね。

荒井　貧乏の臭いというのは唯一、面白かったんだから、もっと使うべき。貧乏人の息子と金持ちの娘がセックスすると、息子の貧乏の臭いに娘が吐いちゃうとか。ソン・ガンホのお父さんはチームリーダーなんだけど、それがおかしいよね。家族がバランバランになっていて、お父さんなんか何の権威もないぜというのが現実だと思うけど。そこだけ旧態依然とした家族像で話を作っているところが非常にご都合主義的だと思うんだけどね。

差別やヘイトやフォビアの時代に響く

井上　確かに『パラサイト』に関しては、家族がチームになって、記号としてしか描かれてない。一方で、『ほえる犬は噛まない』はそこを抜けているじゃないかと思うんです。その話に行く前に、いつも僕が言っている「届く人にしか届かない」という話があるじゃないですか。自分の監督作で言えば、『誰がために憲法はある』（19年）という憲法映画を作っても、憲法を守らなきゃいけないと思ってる人が観て、やっぱり守らなきゃいけないよねという自己確認にしかならない。今、おふたりが言われた、この映画を観て格差社会を考えるんだろうかということでいえば、格差問題をケン・ローチみたいにやってしまったら、それこそ届く人にしか届かないけど、あえて、こういうふうに戯画化することによって、より多くの人に届くんじゃないか。荒井さんは、届かない人に届けようと思って内容がヤワになっていったらしょうがないとおっしゃいますけど、森さんはその辺はどうお考えになりますか。

森　やっぱり作品の強度とは別に考えているんですよね。もちろん、井上さんが言ったように、今、観る人しか観ないというのは、それは映画に限らず、本でもそうだけど、ほんとうは向こう側の人、……向こうとかこっちとかの言い方はあまりしないほうがいいのだけど、とにかく僕の本をまず読まない人たちに届けたいのだけど、向こう側の人は読んでくれない。それが焦燥する要因ではあるんだけど、結果としては、逆に、作品としては薄いかもしれないけど、これだけ全世界で数多くの人が観ているということは、物量的には、つまりクオリティとクオンティティということでいえば、ケン・ローチよりもずっと数字的には大きいんですよね。でもそれはパブリシティの勝利でもあるわけで、作品の評価はまた別に考えなければいけない。

つまり映画を届けること、あるいは作品としての高い完成度を目指すこと。そうしたバランスはずっと悩んでいることで、テーマ性かメッセージか完成度か、あるいは興行的な成功、これは金銭的なメリットだけではなく、より多くの人に届けることができたかの指標でもあるけれど、どれをとろうかみたいな話ですね。それらがうまくバランスがとれれば一番いいでしょうけれど、どれかを優先するとどれかが伸び悩む。では、ケン・ローチとポン・ジュノの両方を観れば、テーマに関しては、僕はやっぱりケン・ローチのほうがいい。でももっとワイドスコープで観れば、たぶん、ポン・ジュノのほうがケン・ローチの何十倍か世界に届いている。じゃあ、ポン・ジュノの勝ちかっていうと、ちょっと待ってと僕は思うんですね。

井上　ちなみに『パラサイト』がこれだけ、とくに欧米に届いたのは、なぜだと思いますか。

森　去年、まだ「ブラック・ライヴス・マター」には火がついていないけれど、映画の世界においても、#Me Tooを嚆矢にジェンダーの問題が活性化したり、こうした差別やヘイトやフォビアなどの問題は、白人と黒人だけの問題で終わらせていいのか、もっとアジア系もヒスパニック系もいるんだよということはみんなどっかで思っていたからこそ、今年はアジアの監督が撮った『パラサイト』でという人が多かったんじゃないのかな。『パラサイト』が5年前だったら、あるいは5年後だったら、アカデミー賞を獲ったかっていうのはむずかしいと思いますね。作品が面白かったことは全然否定しないんだけど、でも年に1回のあいったフェスティバルでトップを獲れる作品かどうかは疑問ですね。

社会改革のために映画を撮ってるわけじゃない

井上　荒井さん、この届く届かないという問題はどう思いますか？

荒井　うーん、だからどこに届いているのかということでいえば、アカデミー賞に届いただけでさ、ほんとうに格差社会でシンドイ思いをしている連中に届いたっていうふうには思わないけどね。だいたい、そういう人は映画を観ないでしょう。

森　荒井さん、それは、どっちでも届かない。コアにいる人には。それはもうどれだけ周りに響くかだよね。社会改革のために映画を撮っているわけじゃないからね。

井上　荒井さんは今でこそ、むずかしい、反娯楽派の作家みたいに思われていますけど、実は、自らウェルメイドと言うように非常にお客さんに届く作品を書いていて、35年ほど前には日本映画の興行収入ベスト5に『Wの悲劇』（84年、澤井信一郎監督）と『探偵物語』（83年、根岸吉太郎監督）という2本の脚本作品が入っています。しかも、角川映画の正月映画『Wの悲劇』では、薬師丸ひろ子の処女喪失から始めて、パトロンが腹上死してしまった先輩女優の身代わりになって役をもらうっていう話を書いていて、明らかに角川映画でロマンポルノ的なものをやろうとしていたじゃないですか。僕自身はそうは思わないですけど、『パラサイト』は『ほえる犬は噛まない』の、より届くバージョンではないかと。

荒井　いや、だから『ほえる犬は噛まない』がイマイチ評価されないっていうのは、やっぱり犬を食うことがあるんじゃないの。1988年のソウル・オリンピックの時にヨーロッパ勢から、韓国の犬を食うという習慣はいかがなものかって言われて、犬を食べさせる店はぜんぶ表通りから裏通りに移させるっていうことがあったじゃない。それは西欧側に、いまだに犬を食べることに対する嫌悪っていうのがあるわけでしょ。で、2002年のサッカーのワールドカップを日韓で同時開催した時にも言われたみたいで、『ほえる犬は噛まない』は2000年だっけ。だから、韓国の犬を食う習慣に対する冷たいまなざしっていうのがあって、なおかつそれを映画でやるっていうのは、この人は何かあるんだなって思うけどね。それがあってこの映画はいまいち受け入れられないいんじゃないの。

井上　ああ、なるほどね。韓国の人に犬を食べるの？　って聞いたら、それは、北の人ねって言う。それは北朝鮮ということではなくて朝鮮半島の北の方の人で、日本でも新大久保で犬料理を出している店があるけど、やっぱり延辺料理の店なんですよ。だから、今は韓国のなかでも犬を食う人って差別的に見られているんじゃないですかね。そんなメジャーじゃないと思いますよ。

荒井　そう？　２００６年の調査だと韓国で２００万頭の犬が食べられたって出てたよ。

井上　荒井さん、今日は、そんなに事前に勉強しているんだ（笑）。マジ、韓国で？

荒井　２００８年のソウル市内で犬を食わせる店が５３０軒だって。

自分の表現についての含羞が足りないのかな

井上　この映画、お客さんもご存じかと思いますけど、原題は『フランダースの犬』ですからね。で、ちゃんと日本のアニメの『フランダースの犬』のテーマソングをカラオケで歌うし、ラストの音楽も『フランダースの犬』じゃないですか。

森　そうなの？　カラオケのシーンって、あったっけ。

井上　映画の初めのほうで、大学院生たちが集まってカラオケで歌うのが『フランダースの犬』でしょ。だからタイトル自体も『フランダースの犬』と同じように犬が可哀そうということを象徴させているんですよ。

森　……ポン・ジュノは策に溺れすぎるよね。

井上　こういうところは策士で、ほんとうにうまいと思うんですよね。最後のほうで大学院の青年の奥さんが教授に賄賂のお金を入れたケーキの箱にケーキを入れようとしたら、上のイチゴだけがひっかかってそれを一個だけ取るとか、よくこんなことを思いつくなあと思って。

荒井　俺はトイレットペーパーのところは感心したなあ。奥さんと賭けをしてコンビニまで100メートルあるかどうか喧嘩して、旦那が100メートルのトイレットペーパーを転がすところはいいねえ。

森　あそこは僕も唸った。ああいう細かいところはすごいですよね。

井上　しかも、あのトイレットペーパーの結末は見せないんですよ。見せないで結果がわかる。あの表現の仕方っていうのはすごいですよ、ヤバいんじゃないかっていうぐらい。

森　うん。そういうディテールは、確かにポン・ジュノはすごいと思います。でもそのディテールが、時おりディテールを超えてしまって、そうなると鼻につくときがある。この編集、このカット割りすごいなというのはあるんですけど、同時に、僕は原題が『フランダースの犬』っていうのは知らなかったけど、知っている人はすぐわかっちゃうわけでしょ。そのへんすごくベタで、それこそ『グエムル―漢江の怪物―』で最後に出てくる怪物退治のための武器というか薬剤が明らかな枯葉剤のパロディで、その意図はもちろんわかるけれど、でも同時に何でこんなにベタベタにしちゃうのって思ったりするんですよ。何だろうな。自分の表現についての含羞が足りないのかな。含羞とか言葉にしてしまうと、それはそれでちょっと違うのかな、という気がまたしてくるけれど。

井上 俺がちりばめているアレを気づいてくれよ、みたいなことですね。しかも結構気づきやすいことをやっているという。

森 間接話法やメタファーとして底が浅いからこそ、トイレットペーパーやイチゴのケーキはほんとうに見てて感心しますね。

井上 どうやってこれをシナリオ段階で思いつくんだろうと思って。ちなみに今、『グエムル』の枯葉剤の話が出ましたけど、『ほえる犬は噛まない』も青年が犬を散歩中に見失うというのは、消毒の煙で見えなくなってしまうせいなんですよね。で、『パラサイト 半地下の家族』でも、あそこの半地下に暮らしていて、町全体を消毒する薬が散布されるシーンで、ソン・ガンホが「窓を開けたままにしておけ。部屋を消毒してもらおう」と言う。で、『グエムル』でもあの怪物が出現する河川敷に消毒薬を散布するじゃないですか。

ストーリーテリングの力が秀でている

荒井 コロナの時も韓国では消毒薬をまいてたよね。日本では何で消毒薬をまかないの？ 手を洗えとかそんなことばっかり言ってて、何で消毒薬、使わないのかね。

井上 何でなんですかね。そういう風習があったのか。荒井さんの子供の頃って、ああいうのはあったんですか。

荒井 シラミ駆除のＤＤＴなんていうのは、俺やられた記憶ない。赤ん坊か、まだ2〜3歳か、その頃じゃない。

井上 もしかしたら日本人は戦後、占領軍にＤＤＴの白い粉をまかれたっていう恥辱の記憶があるから、まかないんじゃないですか。

ところで森さんは『殺人の追憶』を観ていないんですよね。最近、観直したんですけど、すごい傑作で、『キネマ旬報』の２０００年代の洋画ベストワンに選ばれたんですけど、ほんとうに犯人が捕まっていない実話の殺人事件を描いた映画なんです。で、犯人を捕まえずに映画を終わらせているんです。それがまた、こういうオチしかないというふうに見事に描くんですよ。だから僕なんかは演出もだけど、シナリオの技として、よくこの題材を、韓国人ならだれでも知っている連続殺人事件、しかも戒厳令下で、1986年の話だから、翌年にあの87年の民主化運動が起こるわけで、その前年じゃないですか。そういうところはあざといぐらいにうまいんですよ。

森　もちろんポン・ジュノはそういうところはすごいですよ。それは彼だけじゃなくて韓国の映画を見ていると、やっぱりホンの完成度が高いなと思いますね。ふとわが身を振り返って日本の映画と比べてみてもね。完成度がずいぶん違うなというのは実感しますね。

井上　荒井さん、韓国映画のホンに対しては言いたいことがありますよね。

荒井　森さんはどのへんの韓国映画のことを言っているのかわかんないけども。

森　たとえば、今、netflixで『愛の不時着』を観ているんですけど、やっぱり見事ですよ。まだシーズン2回ぐらいしか観てないですけど、単純に北朝鮮の兵士と木に引っかかった南の財閥の令嬢が出会って、でも、そこから二転、三転するからね。『タクシー運転手 約束は海を越えて』（18年、チャン・フン監督）だって、政治的な触りづらいことにしっかりと手を突っ込む力だけではなく、まったくノンポリな主人公をソン・ガンホに演じさせることで、政治権力とインテリ学生の対立構造にもう一つ物語の軸を設定する。やっぱりストーリーテリングの力が秀でていると感じます。でも荒井さんはそうでもないんですか。

荒井　脚本に関しては、エンターテインメントにするために、けっこうラフな作り方をするなと思うな。

娯楽のために人間を動かしているのが気になる

森　たとえば、例はありますか。

井上　前に荒井さんは、『タクシー運転手』で主人公のソン・ガンホが1回、光州から出る。それはエンタメとして盛り上げるためで、後半、戻ってカーチェイスをやるために人間を動かしているようにしか思えなかったと言っていましたね。ほんとうにあのキャラで、光州であれだけの経験をして、それでもドイツ人を置いて光州の外へ出るだろうか。テーマは見事だと思いつつ、やはり韓国映画のそういうことは僕も気になりますね。ドラマを盛り上げるために、あえておざなりにしているとしか思えないところがたくさんある。娯楽のために人間を動かしている。

荒井　『タクシー運転手』で言えば、検問はわざと見逃したとしか思えないし、事実に基づいた話ということになってるけど、カーチェイスも本当にあったのかと思ってしまう。面白くするなら、俺は記者を女にするな。最近観た『君の誕生日』(19年、イ・ジョンオン監督)は、後説にするんだよ、全部。修学旅行で船で死んだ子供と親の話なんだけど、お父さんがベトナムから帰ってくると家に入れてもらえないというファーストシーンから始まって。息子が死んで、その時にお父さんいなくて大変だったみたいなことでお母さんに拒絶されてんだけど、お父さんは会社のことで刑務所に入っていたみたいで、それならしょうがないだろうと思うんだけど、そういうのを全部、後、後に持ってくるのよ。サスペンス映画じゃないのに。

井上　荒井さんはドラマの作り方としては、父親が刑務所に入っていましたという前提をちゃんと描いたうえで、その後のすれ違いをやるべきだと言うわけですね。それがドラマだと。

森　僕はその映画は未見ですけど、修学旅行で船で死んだというのは2014年のセウォル号の沈没事故の話を描いているわけでしょ。韓国映画は、光州事件を描いた『タクシー運転手』も、民主化闘争を描いた『1987、ある闘いの真実』（18年、チャン・ジュナン監督）も非常にテーマとして硬派なものを選ぶじゃないですか。だってセウォル号みたいな事件が日本であったとしても、それにインスパイアされて亡くなった子供と母親のドラマを、それも事故から数年後に、日本ではなかなか作れないと思うんです。その辺りの作る業の深さが韓国のほうが深いのかなって思いますね。

荒井　それは日本ではなかなかできない政治的な映画もそうだし、セウォル号もそうだし、たしかそのセウォル号のドキュメンタリーをやろうとして、釜山映画祭がやばくなったんでしょ。

井上　セウォル号の沈没事故をめぐって政府の対応の問題点を告発したドキュメンタリー『ダイビング・ベル　セウォル号の真実』（14年、イ・サンホ／アン・ヘリョン監督）をやろうとして釜山市長が上映中止を要請してね。ちなみに映画祭の独立を支持する韓国の映画人が総決起したんです。そこからして日本とは違うわけですよ。たとえば東京国際映画祭で「桜を見る会」の映画を上映しようとして、政府と東京都が後援しませんとなったときに映画人がそんなことをやるかと。単純な話、『宮本から君へ』（19年、真利子哲也監督）の助成金の問題（註・映画に出演したピエール瀧が麻薬取締法違反で有罪判決を受けたために文化庁所管の日本芸術文化振興会が助成金1000万円の交付を取り消した）で、映画人みんなが立ち上がるかみたいなことだと思いますよ。

明らかに権力から売られた喧嘩を買っている

森　東京国際映画祭でいうと、去年、僕の『i－新聞記者ドキュメント－』（19年）は賞をもらいました。コンペにエントリーすると河村光庸プロデューサーから聞いたとき、よりによって東京国際映画祭でこんな政治的で反権力的な映画が賞をとれるはずがないじゃないかと思ったけれど、結果的に受賞できてびっくりしました。初日のレッドカーペットを歩くときも、安倍晋三が来るという噂があったから望月衣塑子を隣で歩かせようとかみんなで真剣に話していて、結局、来なかったんだけど（笑）。でもそうした企みにも映画祭は加担してくれて。具体的には矢田部吉彦映画祭ディレクターの力が大きいのかな。ああ、ずいぶんイメージと違うなと思いました。東京国際映画祭ってそれまで全然縁がなかったから。

さっきの釜山映画祭の話ですけど、この上映に反対した釜山市長はパク・クネ大統領の側近で、この映画を上映するならば助成金をカットすると言い出した。そこで韓国の映画人が怒って総決起して、さらにカンヌ、ベルリンと世界の映画祭も連動して抗議の声をあげた。でもその前に、周辺だけではなく当局から標的にされた釜山映画祭も、政治的に偏向する作品があって当たり前だと宣言して、最終的には焦点になった『ダイビング・ベル』を、上映中止どころか映画祭オープニング作品にした。明らかに権力から売られた喧嘩を買っている。日本では無理だろうな。

井上　『愛の不時着』は見事に北と南にしたけど、僕は韓国のラブ・ロマンス、男と女の話は北と南のメタファーだということをずっと言い続けていて、だから韓国映画では安易に結ばれないという作品が受け入れられる。『殺人の追憶』でも犯人を見つけられなくてもいい。線1本で自分のところの民族が分断されているのに、そんな簡単に人と人って分かり合えないよということを意外と作り手たちは自覚的にやっているという気がするんですよ。とくにポン・ジュノたちの世代って。

荒井　それは未解決事件を扱うから？

井上　それだけじゃないけど、少なくとも未解決事件を未解決事件のまま描く。世の中には解決しないことがあるぜ、と。

荒井　デビッド・フィンチャーも『ゾディアック』(07年)で未解決事件をやっていますけど。熊井啓の『日本列島』(65年)、『日本の熱い日々　謀殺・下山事件』(81年)もある。

森　でも井上さんが、作り手たちがその辺をわかっていてと言うのは、まさに社会だよね。社会全体がそういう意識もあるだろうし、たしかに北と南で遠い親戚にもいまだに一度も会えない現実っていうところで暮らしているということは何か違う意識、違うタテ軸みたいなものが自分のなかに入ってきてもおかしくないんだろうなと思います。

井上　だからもう一度『ほえる犬は噛まない』に戻ると、やはり犬を殺した主人公が断罪されないっていうことに何かあるんじゃないかと思うんでしょ。イ・チャンドンの『シークレット・サンシャイン』(07年)でもそんなラストで、と言いつつも忘れちゃったけど(笑)。

荒井　ラストは水たまりに陽が差すんだよよ。へええ、と思ったけど。

井上　あ、そうか、自宅の庭でチョン・ドヨンが髪の毛を切っていて、髪の毛が飛ぶんだ。荒井さんて、なんちゅう記憶力がいいんですか！

荒井　え、これで終わるの、それが芸術？　と思ったから憶えている。

自分たちで民主主義を勝ち取ってきた国の映画

井上　ディテールの人なんだ。ところで、森さんにちょっと質問なんですけど、今度、ドキュメンタリーを離れて、劇映画を撮ろうとしているじゃないですか。その場合、ドキュメンタリーを撮っている時から、ああ、こうやって撮るんだとか、こういう演出なんだって思って映画をご覧になっているんでしょうか。どういう見方をしていますか。

森　自ら選択してドキュメンタリーを撮っていたわけじゃないんです。気がついたらドキュメンタリーの現場にいたという感じで。その前は、自主映画時代も含めてずっと劇映画が前提でした。作ったこともなければほとんど観てもいない。別のジャンルだと思っていました。でも実際にやってみると、撮影後の作業、つまりポスト・プロダクションにおいてはドキュメンタリーとドラマはそれほど違わないし、もちろん台本があるかないかは大きな違いだけど、ドキュメンタリーの場合は現実という台本があって、題材や被写体によっては、その台本が自分のイメージをまったく凌駕するような展開になるから、これはドラマよりも面白いぞ、と思っていた時期もありました。でもやっぱりドキュメンタリーを撮りながらも劇映画はずっと頭の中にありましたから。だから映画を観るときも、ああ、このカットの後こうしたかとか、カメラアングルはこうしたのねとか、これは何の伏線なんだろうとか、その意味では普通に観ていますね。ドキュメンタリーの作り手だからって、見方は変わらないです。

　今回、観た『ほえる犬は噛まない』のＤＶＤにはポン・ジュノが描いた絵コンテが付録でついていて、それを見て、ああ、ポン・ジュノは絵がうまいんだなと思いました。

井上　だってポン・ジュノはマンガ家になりたかったんですよね。

森　エドワード・ヤンも見事な絵コンテを残しています。僕は絵が致命的に下手なので、劇映画の監督は無理だなって。

井上　そんなことないですよ。荒井さんは、絵コンテなんて描いたことないですよ（笑）。

荒井　俺、写生とかは、小中でいつも賞もらってた。祖父の血かとか言われたけど、写生じゃない絵は下手なの。

森　だからいろいろ考えながら、もうすぐ撮るわけなんで、意識して観ていますね。

井上　荒井さんはどうなんですか。韓国映画の脚本は粗いとか無理くりとか思いながらも、やっぱり韓国映画の力、テーマの選び方はどっかですごいなと思っているんですか。あるいは俺を直しで入れてくれればよかったのにとか思っているんですか。

荒井　俺を直しで、というのは思うね。日本映画は直しようがないけど。韓国はずっと軍事独裁で来て、自分たちで民主主義を勝ち取ってきているから、その386世代が政府に入ったり、映画の側に回ったりだから、日本とは違うんじゃないのかな。だからお客さんもわりあいそういう映画を観るしね。ただ、大統領じゃなくなるとみんな刑務所に入るっていうのは、どうなんだろう。昨日、ソウル市長が自殺したけどさ、なんか激しい国だなと思うよね。バッシングというか役者さんも、日本でこの間、ネットでディスられて自殺したけど、韓国もああいうのは多いじゃない。

今の韓国映画を観ると昔の日本映画に似ている

井上　森さんは、今の韓国社会をどう思っているんですか。

森　東アジアって近似するというか共有するものがすごくあって、ひとつは集団力の強さ、言い換えると個が弱いんです。でもみんなで一緒になって何かやろうとする力が非常に強い。これは見方を変えれば同調圧力であり、戦争や虐殺が普遍的に持つ構造だと思うので、僕はあまりポジティブにはとらえられない。でも日本の高度経済成長は、集団の結束する力が成長する企業として前面に出てきて成功したわけですよね。大勢が一糸乱れず演技するマスゲームって今は北朝鮮のお家芸みたいになっているけど、あれ一番得意だったのは、戦中の日本ですからね。要するにチームプレー。みんなで一緒に動く。個人プレーは許さない。日本を含めて東アジアは、この傾向がとても強い。

それは韓国も同じなんだけど、でも日本にくらべれば個が強いのかな、我が強いというのか、情念が濃いというか。泣くときは激しく泣くし、怒るときは激しく怒るというところが、ちょっと日本とは違うという気がしますけどね。いったん火が付いたらワッと燃え上がるみたいな、日本もそういうところはあるんだけど、韓国は日本以上に過剰かもしれない。でもたぶん、ヨーロッパとか個が強い国から見たら、同じように見えますよ。もちろん集団化は人類の本能だから、戦争や虐殺は欧米にもあるし、魔女狩りとか異端審問とか、集団の過ちは同じように犯しています。その意味では同じ。だからこそ大切なことは、意識的に個を屹立させるだけではなく、自分たちの過ちを含めての歴史認識を持つことです。僕たちがもくろんでいる映画が、その有効な補助線になれればいいけれど。

井上 なるほど。ではそろそろこの辺で会場からの質問を受けたいと思います。

――（会場からの発言者）この『ほえる犬は噛まない』という映画はすごく面白かったんですが、こういう映画って日本にはなかったように思うんですが、どうでしょうか。

井上 少なくとも今の日本映画にはないですけど、40年ぐらい前にはあったんじゃないですか。やくざ映画でも時代劇でも勧善懲悪じゃなくて、ある権力構造をやろうとしてたじゃないですか。どうですか、荒井さん？

荒井 うーん、そうね、松竹ヌーヴェル・ヴァーグの大島渚以降、１９６０年代、70年代は人によってはそういう感じの面白い映画をやっていたよ。だから今の韓国映画を観ると昔の日本映画に似ているなと思う。

井上　森さんは映画青年だった時代も含めてどうですか。

森　リアルタイムでは観ていないんですけど、学生時代は名画座に行って田中登さんとか若松（孝二）さんの特集を観たりして、ピンク映画でも予算を引っ張ってきて自分たちのやりたいものを作っていた。ぼくが大学を卒業したあたりでディレクターズ・カンパニーが発足して、ディレカンの初期の作品なんかはいいですよね。今、ふっと思ったけど、山下敦弘の初期の作品って、極めてポン・ジュノと肌触りが近いですよ。ぜんぜんストーリーの持って行き方とかは違うんだけど、力の抜け方みたいなところが似ていますよ。今はたしかにないですけど、昔はいっぱいありました。

「影響を受けた監督は北野武と阪本順治」

井上　僕もまったく同じ意見ですけど、ちなみに荒井さん、森さんが山下敦弘の名前を出したら、あれっという顔をしたけど。

荒井　山下はむしろホン・サンスに近いんじゃないかと思って。

森　それもあるかな。山下の『ばかのハコ船』（03年）って大好きなんですよ。

井上　あれはすごい。

荒井　でも、あれは、まさにホン・サンス的じゃない？

森　うーん。二人にそう言われると、そうかもという気がしてきた。アキ・カウリスマキとか、ジム・ジャームッシュとかによく譬えられるけれど、確かにホン・サンスかも。

井上　ちなみにポン・ジュノは知りませんけど、2000年代に出てきた韓国の映画監督たちが東京フィルメックスでアフタートークをやると、「影響を受けた監督は北野武と阪本順治」ってずっと言っていたんですよね。それも一人や二人ではなくて、かなりの監督がそうでした。これはとても興味深いと思いましたね。

2020年7月11日、高田世界館（新潟県上越市）にて

第3章　若松孝二監督の伝説と生身

吉積めぐみの視点で若松プロを描く

井上　一応、白石さん、『止められるか、俺たちを』（18年）の企画意図を話します？

白石　そうですね。若松孝二監督が76歳の時に亡くなり、80歳の生誕記念のときに特集上映で足立正生さん、秋山道男さん、ガイラ（小水一男）さん、高間賢治さんとか、若松プロにかかわったみんなでトークをして僕も末席にいたんですけど、その時に若松プロの助監督だった吉積めぐみさんの写真集があるということを高間さんから聞いて、その写真集を見たのが、この映画を作ろうとした最初の動機ですね。吉積めぐみさんが若松プロに入った1969年から71年にかけては若松さんが数多くの傑作を撮っていた時代で、同時に若松プロを描いていければ、僕たちに映画を教えてくれた若松監督への返礼にもなるかなと思ったんです。たぶん荒井さんにはボロクソに怒られるんだろうけど、最初に井上さんに相談したら、「ぜひ、やりたい」って言っていただいたんでスタートした企画ですね。

井上　荒井さんが晩年の若松さんの作品をボロクソに言っていて、ぼくは荒井派だと思われていたんで、生誕80周年の時にはトークにあまり呼ばれていなかったんですよ。その中で『飛ぶは天国、もぐるが地獄』（99年）という若松さんのフィルモグラフィでも忘れ去られていた作品が上映されて、これ、高取英さんのホンを三宅隆太と僕で一晩で直したんですけど、その関係でトークに呼ばれたんです。その時に白石さんから「井上さん、若松プロの映画を撮るべきではないですか」と言われて、「どうやってやるのよ」って言ったら、その特集上映が全部終わった翌日に、「めぐみさんの視点でやったらどうですか」と言われたんです。だから、この映画のめぐみさん視点で行く骨格は、白石さんのその発想で決まったみたいなものでした。ちなみに荒井さんにも僕たちがレジェンドと呼んでいる方々と一緒に取材をさせてもらったんですけど、最初にこのめぐみさん視点でやると聞いた時はどう思ったんですか。

荒井　いやいや、脚本でも取材でもいいけど、なんで俺のところに来ないのかなと思った。高間が作った写真集がもとになったというけど、高間に取材したのがたぶん失敗だったなと思う。高間は吉積めぐみが死んだときにはいなかったし、1970年の晩秋から亡くなるまで俺の方がめぐみとはずっといたわけだから。篠原美枝子が一緒にアパートを借りていたということもあるし、お前が書いた初稿ではベッドが血だらけって書いてあって、「血だらけじゃない、第一発見者の原田知司に聞けよ」って言ったのに、それが残っていたんでギリギリで直したけれども。

井上 それはギリギリで確認しました。

荒井 たとえば足立正生は左ぎっちょというのは会えばわかるのに、基本が抜けているというのかな、足立さんのことをアッちゃんってみんな言ってたけど、ちゃんにアクセントを置いていた。映画じゃアにアクセント置いていた。これだけ当時の証人がいっぱいいるのにどうして偏った取材をしていたのかなと思うんだけどね。

井上 荒井さんにもちゃんと取材したじゃないですか。

荒井 したけど、だいぶ後じゃないか。

井上 あの時、白石が撮影中で来られなくて、あとから録画を見て、「井上さん、これでだいぶ変わります。変わらざるを得ませんね」って言ったんだもの。

優しいけど残酷な若松孝二の佇まい

荒井　あ、そう。まあ、ホンもだいぶいじったから「俺の名前、クレジットしろ」って言ったら、「何年ぶりだから勘弁してください」って言ったじゃない。

白石　何年ぶりっていうのは、何が何年ぶりなんですか。

荒井　井上の脚本クレジット。ひとり名前にしたいと。

井上　それは荒井さん、つくっていますよ(笑)。それにしても『あいときぼうのまち』(13年、菅乃廣監督)からだから4年ぶりか。森さんはこの映画は公開時にご覧になっていますか。

森　ええ、観ています。

荒井　森さんの客観的な意見を聞きたいな。

森　僕はこのメンバーの中では、作品のかかわりで皆さんとだいぶ違います。ただ、若松さんとはその前から妙に気に入られたのか、酒の席にも呼ばれて一緒にずいぶん飲んだりしました。若松さんの噂はいろいろ聞いていますけど、実際に会ったら、すごく優しい、腰の低い方だなと思いました。でもそんなはずはない、現場に行ったら違うよっていう話はよく聞くけど、その辺が自分の中では整合性が取れないまま、どっかの現場でご一緒できればいいなと思っていたら、あんなことになってしまって。それでこの映画が公開されて観に行ったんですけど、この映画を観ることで僕の中のギャップが少し解消されたというか、優しいけど残酷な若松孝二はこういう佇まいだったんだろうな、と実感できました。客観的じゃないけど、そういう感想です。

井上　クランクイン前に、レジェンドと呼んでいる足立さん、秋山さん、ガイラさん、高間さんに意見を聞く会があったんです。当然、それまでにもそれぞれの意見は聞いていて、一人ひとりはそんなに悪いことは言ってなかったのに、その時はWOWOWでメイキングを放送する予定があって、カメラが入っていたんですが、そうしたら皆さんからボロクソに言われたんですね。その時にガイラさんが言ったのは、「俺たちはもっと垂直にキリッと立っていたんだ」と。「このシナリオにはそれがない」と。あと、びっくりしたのは、荒井さんもあの頃の若松さん、怖かったよって言っていて。

荒井　怖かったよ。お友達になったのはずいぶん後だもの。

森　みんなが垂直に立っていたっていうのは、若松さんにここまで依存していなかった、という意味ですか。

井上　というか、みんなもっと一人一人がピリピリというかヒリヒリして生きていたということじゃないですかね。それが映画ではソフィスティケートされて描かれているみたいなニュアンスですかね。

森　傍から見ているぶんには、全然そういうふうに見えたけどね。実際に内部にいた人には違う感覚になるのかもしれないけど。あと、やっぱり最初、井浦新さんが若松さんをやるって聞いた時は無理だろうと思ったけど、見事でしたね。

実際の日常に伏線はない

井上　それは白石さんと最初の打ち合わせで「ところで若松さん、誰やるの?」って聞いたら、「それは新さんしかいないでしょ」って言われて、僕も「えっ」って思ったけど、白石さんは最初からそれ以外の選択肢はなかったんだよね。

白石　生前の若松さんとの関係でいえば、荒井さんは「新若松プロ」と呼んでいましたけど、『実録・連合赤軍　あさま山荘への道程』(07年)以降の若松さんの映画の推進力に新さんはなっていたんで、似てる似てないは当然あるんですけど、そういうことよりも若松さんのパッションみたいなものを新さんなりにたぶん継承しているでしょうし、それは新さん以外に誰もいないだろうなと。

井上　みんなに意見を聞いた会で、もうボロクソに言われて、僕は当然何も言えないし、白石もやっぱり一緒に作っているから言えなかった。そしたら新さんがスッと立ち上がって、「すいません、言っておきますけど、ぼくたち、物真似大会やるつもりありませんから」ってレジェンドたちに言ったんですよ。それはそれは格好よかった。そしたら、映画を観たら、新さん、若松さんの物真似やっていて、びっくりしたという（笑）。荒井さんは今までホンのこととか事実と違うことは言っていますけど、新さんの若松さんはどうだったんですか。

荒井　最初から違うだろうってていうのがあるから、なんともね。そのキャラっていうのは物真似でしか出せないじゃないですか。でも若松さんは細い感じじゃないからさ。だからそっくりさんをやるつもりはないというけど、どうなんだろうな。

白石　ちなみにですけど、若き日の荒井晴彦クンが出てくるじゃないですか。あれに関しては荒井さん、違うなって1回も言ってくれたことがないんですけど、あれは気に入っているんだと思っていいんですか。

荒井　うちの妻があんな感じだったと言ったらしいんだけど（笑）。それは俺よりは第三者の意見のほうが。

井上　はじめて観た時は、荒井さん、「うちの娘に観せたい」って言ったんですよ。

荒井　それはまた別でしょう（笑）。

井上　ちなみに、その感想は誰に言われるよりもうれしかったですよ。それはどういう意図で言ったんですか。

荒井　いやいや、あの時代、お父さんの青春、こういうことをしていたんだなあということがわかるかなと思って。だから俺に似てる似てないじゃない。

井上　だけど荒井さん役の藤原季節には頑張ったって言っていたじゃないですか（笑）。森さん、映画として観てどうだったんですか。

森　うーん。ぼくはこの吉積めぐみさんの話、というか存在も知らなかったので、観ながらこんなエンディングになるとは、当然だけど思ってもいなかったんです。映画は伏線が大切だけど、実際の日常に伏線はほとんどないですよね。すべて唐突です。何かそれに近い感覚を持ったのかな。映画としてダメということではなくて、実際に知り合いの訃報を聞いたような感じ。

実話をベースにしている、ということは承知で観ていたのだけど、彼女の死で、ああそういうことかってそれまでの流れが一気にフィードバックしたというか腑に落ちたというか、そういう意味でのインパクトは大きかったです。

若松プロの興行か、運動か、という問題だった

白石　森さんは、映画に出てくる「赤バス」［若松監督のドキュメンタリー『赤軍―PFLP・世界戦争宣言』（71年、以下『赤―P』）の全国上映運動のために購入したバスを真っ赤に塗ったためにこの呼称が生まれた］というのはご存じだったんですか。

森　赤バスのエピソードは知らなかった。ただ『赤―P』は観ました。あれはどっかの上映会に呼ばれて行ったのかな。そういう過激な政治的部分も若松さんがやってきたことは知っていたけれども。

井上　レジェンドたちの取材をずっとしてきたときに、やっぱりめちゃめちゃ面白いんですよ。もう笑いっぱなしで。1969年から71年って、僕でいえば4歳から6歳、白石は生まれる前で、その熱い時代をどうやって表現するかって考えたときに、ガイラさんが「今とおんなじなんだよ。安田講堂で負けて、内ゲバがあって、今と同じ閉塞感にさいなまれていた時代なんだよ」って言われて、「ああ、今と同じなら何とかいけるんじゃないか」って思ったんですけど、荒井さんにとっても、あの頃の時代ってそういうとらえ方なんですか。

荒井　うーん、どうなんだろうな。ガイラが言っている閉塞感っていうか、安田講堂が落ちたというんで、石と火炎瓶とゲバ棒だけでは結局、国家権力にはかなわないな、負けるなと。それでもやろうという連中が爆弾闘争を始めたんで、どうしようか、というのはあったよね。俺はもうそこから撤退しようかっていうんで、だから『映画芸術』を手伝っていたんだけど、編集長の小川徹さんとはあまりうまくいかなくてね。それで、前に足立さんに「お前、そんな他人の映画の悪口言ってて面白いか。一緒にやろう」と言われたのを思い出して、若松プロに行ったんだけど、そしたら今度は足立さんがカンヌ映画祭へ行った帰りにパレスチナに行って『赤―P』を撮ってきて。上映隊長をやれと言われて。「俺はもう政治をやめたんだよ。政治やめて映画をやろうと思ってきたのに、またその係ですか」って言ったんだけど。そこで赤バスに集まってきたのが、安田講堂で散ったというか、燃え尽きた連中じゃなくて、ちょっと遅れてきた連中でね。上映隊は公募してたから、燃焼しきれなくて、もうひと花咲かせたいっていう連中が集まってきた。

それで毎晩、「こんなアジプロ映画をやっていていいのか。それより爆弾の作り方みたいなものを撮ってそれを裏で観せて回った方がいいんじゃないか」とか毎晩議論してたのね。そしたら若松孝二が「上映のアガリの金が来ない。これじゃあバスを買った金も回収できない」って言ってると。そして、なぜか足立さんもちょこちょこ東京へ帰るわけだよ。「何しに帰ってるの?」って聞くと、実はATGで若松さんが撮る『天使の恍惚』(72年)のシナリオを書いていたんだよね。それで、「なんだ、『赤―P』の上映って運動じゃなかったのか。まだあんたたちATGなんかで商業映画をやる気でいたのか。足立さん、悪いけど、赤バスから降りてくれ」と言ったのね。俺と斎藤博と川上照夫はまあ、若松プロだけど、他のメンバーは若松プロ関係ないからね。若松プロや足立さんに対する不信感が強くなっていたんだ。斎藤と川上はノンポリだけど、めぐみの弔い合戦という感じでバスに乗ってきた。篠原も博多からバスに乗るし。これがいわゆる『赤―P』上映隊の造反だ、赤バス乗っ取りだって言われた事件。若松プロの興行か、運動か、という問題だった。広島では流川のヤクザの事務所に挨拶に行った。ヤーさんは興行だって言うんだよ。若ちゃんと同じ。釜ヶ崎の三角公園とか水俣とか大学での無料上映が基本だから、カンパをガソリン代にしてたんだけど。

井上　若松プロ史観でいうと、荒井が足立を追い出して、バスを乗っ取ったという。森さん、ちなみにですね、曽我部恵一さんの主題歌「なんだっけ？」のプロモーションビデオを白石が撮っているんですよ。それが赤バスで行った上映会で足立さんや荒井さんがめぐみさんに似たような女の子を見つけて心が揺れる、そして上映会が終わった後に泣くっていう話なんですけど、傑作なんですよ。このトークが終わった後、ぜひ観てください。

もうちょっとあの時代の雰囲気が出たのに

森　へええ、ちゃんとストーリーがあるんですか。

井上　本篇と全部同じキャストが演じていて、すごくいいんですよ。
白石　荒井青年が主役です。
森　YouTubeでは観れないんですか。
井上　観れます。「なんだっけ?」MVで検索したら、観れます。
白石　そういえばもう一つ、荒井さんに聞きたいことがありまして、映画を観た崔洋一監督が「あれ、荒井は編集できなかったんじゃねえか」て言っているらしいんですが、編集はしていたんですか。
荒井　だって編集と言ったって、足立さんの横でやっていただけで、『赤—P』で太陽が逆さにくっついているのがあるじゃない。あれは俺のミスだよ。裏にくっつけてる。
白石　じゃあ一応、真似事はしていたけど(笑)。
荒井　そうそう。目黒スタジオでフィルムをいじって切ったりつないだり横っちょでやってて。
井上　荒井さん、ほんとうにガラガラ回してテープで貼っていたんですか!
荒井　だから裏に貼っちゃったのがあるんだよ。

白石　じゃあ、映画の中でのように、もっともらしい顔をしてやっていたのは間違いないわけですね。

荒井　そう。そこに「めぐみが死んでる」って電話がかかってきて、目黒スタジオから俺と足立さんがかけつけたんだよ。

白石　さっきから話を聞いていると、映画の中で『赤―P』の時に、「俺、政治をやめて若松プロに来たのに」っていうセリフ、ほぼ荒井さんの言ったそのままになっていますよね。

井上　だって荒井さん本人があの台詞を書いていますから（笑）。でもじゃあ、荒井さん、そんなに悪い映画じゃないってことでいいんですね。

荒井　いやいや、悪いとかいいとかじゃなくて、あの頃、生まれてない人が撮ったり、3歳か4歳だった奴がホンを書いたりね、それは登場人物の俺が言ってんだから違和感はあるでしょう。時代の雰囲気っていうのはむずかしいけど、たとえば、めぐみと俺は『緋牡丹博徒』をふたりで観に行って、酒飲んで、ふたりで主題歌を歌いながらアパートに帰ったりして、そういうのがあればもうちょっとあの時代の雰囲気出たのにね。めぐみはジャズが好きで、やくざ映画なんかあまり観ない子だったから俺が連れてったのかな。フランスかぶれの子だった。だからもうちょっとめぐみ寄りにして、もう少し若松さんの部分を減らしてね。めぐみと篠原が万引きして捕まって、足立さんが引き受けに行った事件があったりね。若松さんがパレスチナへ行っている間が、鬼のいない間みたいで楽しかったのよ。

今は「あらゆる革命は犯罪的である」と思っている

白石　いやいや、それはその通りなんですよ。それは僕らもわかっているんですけど、企画した人の意図も変わってくるんで、若松プロっていうのは僕らにとっての英雄譚なんでそれは描きたい。で、めぐみさんも描きたいということです。

荒井　めぐみはアッちゃんや俺と一緒にやっていたかったんだよ。でも若ちゃんはピンク映画で稼がなきゃいけないんで、そっち側に斎藤博と振り分けられたことの不満とストレスはあったよね。寂しかったんだろうと。アッちゃんのことも好きだったし、そのころ、俺も片側で運動って言いながら、片側で商売っていうのはダブルスタンダードじゃないかって批判をノートに書いたりしてた。めぐみはその板挟みによる犠牲者だと言えると思う。だから最後、バスで終わるのも、タイトルも『止められるか、俺たちを』というのもなあ。めぐみのお通夜、下落合の住んでた一軒家でやったんだけど、安田南がアカペラで「オールライト・オーケー・ユー・ウィン」を歌った。若松さんが、なんだお前ら、泣いてばっかりいて、追善バクチやろうって、コイコイで香典を巻きあげるんだよ。

井上 荒井さん、ちなみにあの時代を知らない人が書いていると言うけど、自分の1968〜69年の話って一度も書いてないじゃないですか。自分で1回やろうとは思わないんですか。

荒井 その後は『身も心も』(97年)でやったけど。テアトル新宿で完成披露を観た高橋伴明に、原作があるのか、アライの話じゃないかと言われた。高橋伴明が『光の雨』(01年)の時にホンを書いてくれって来たのに、「書けない、まだ自分のなかで総括できてない」って断ったんだけど、総括リンチみたいな粛清というのが、リーダーの個人的問題なのか、「革命」というものに必然的にくっついているものなのか、答えが出せなかった。昔は平岡正明の「あらゆる犯罪は革命的である」を、そうだと思っていたけど、今は「あらゆる革命は犯罪的である」と思っている。

当時だって東宝の青春映画で、よせばいいのにそういう学生運動の上っつらを描いた映画がチラホラあったけど、『その人は女教師』（70年、出目昌伸監督）、『「されどわれらが日々」より別れの詩』（71年、森谷司郎監督）、『初めての旅』（同、同）、『二十歳の原点』（73年、大森健次郎監督）、『戦争を知らない子供たち』（同、松本正志監督）とか、なんか違うぜって思ったし、やっぱりあの頃をフィクションでやるとどうしても違っちゃうんだ。

井上　でもそれって、戦中派が軍隊物をやろうが、銃後の話をやろうが、どうやっても違って見えちゃうっていうのと同じじゃありませんか。

荒井　それは微妙だよ。その時代を知らない人たちが観ている分にはいいかもしれないけど、どうなんだろうな。『ノルウェイの森』（10年、トラン・アン・ユン監督）もあの時代の話だよね。あれは学内デモのシーンはちゃんとしているなと思ったら、早稲田の反戦連合で、「プロジェクト猪」で「全共闘白書」を作った高橋公が指導したらしいけどね。高橋伴明の『光の雨』の現場に行ったけど、助監督が寄ってきて、「ゲバ棒の角材はどれぐらい汚したらいいですか」って聞くから、「何言ってんの、これはみんな盗んでくるんだからきれいなんだよ」って言ったんだけど。汚しかけるって、おいおいと思ってさ、「木刀と違うんだよ、汚れる前に折れちゃうんだよ。角材はすぐに折れるから水に漬けて折れないようにする。これって一発で折れるんだよ」って言ったんだけど。だからむずかしいよね。学生運動の経験者が監督していてもスタッフがそうだから。

だったら荒井さんが日和らないで書いた方がいい

森　ゲバ棒を水に漬けて固くするって初めて聞きました。

白石　要はしなるようにしているっていうことですよね。

荒井　そうそう、ポーンと折れないように、水を含んでいると簡単に折れないから。明日出撃だっていうと、前の晩に早稲田の文学部の奥の方に池があって、そこに角材を漬けるんだよ。

森　そういうリアリティは大事だよね。

白石　でも荒井さん、それを言っていたら戦争体験者はいなくなるし、もう時代劇は撮っちゃいけないのかっていう話になっていくし。この間『仁義なき戦い』の話をしましたけど、やくざだってほぼほぼ高齢化しているんで、かつてのようなやくざの話はできないわけですよね。どっかで切り替えてそういうもののなかでもやっていくしかないですよね。

荒井　それは調査できる範囲で取材して、みたいなことをやらないと嘘になる。『われに撃つ用意あり』（90年）ってあるじゃない。

井上　それは僕が若松さんの助監督で付いた最後の作品ですから、よく知っていますよ。

荒井　最初は若松さんに、俺がホンを書けって言われて、丸内敏治が学生運動の経験者だったから、丸内に振ったんだけど、最後、桃井かおりが腹に新聞紙を入れるじゃない。あれ、丸内だよね。「これって鉄砲の弾が通っちゃうかしら」って言う。機動隊とぶつかる時には新聞紙をヘルメットの中に入れてクッションを作ってね。ヘルメットのひもは締めない。締めると後ろから引っ張られて首が締まっちゃう。だから警棒で叩かれると、ヘルメットが飛ぶんだ、ポンポンて。

森　そういえば、僕にとって初めての映画『A』の最初の試写のとき、オウムを擁護するとんでもない映画、みたいな噂はもう流れていたから。プロデューサーの安岡（卓治）から、シャツの腹の部分に雑誌を入れろって指示された。彼はぎりぎり運動の世代だったから知っていたのかな。

荒井　それって、やくざがさらしを巻くのと同じなんだよね。週刊誌をベルトとの間に挟んでたりしてさ。

井上　機動隊がおなかを狙うんですか。

荒井　女の子のオッパイを警棒で突くし、何でもやるよ。サンドイッチデモといって、機動隊に挟まれて大学とかに連れて行かれるんだけど、お前ら、親の金で大学行って、バリケードでフリーセックスかとか言いながら、殴ったり、靴を踏んで脱がして踏みつけるとか、だから女の子は中に入れるんだけど。

白石　だったらなおさら、あの時代を経験している荒井さんは日和らないで書いた方がいいじゃないですか。

荒井　そんなもの誰が観るんだよ。

若松孝二が軽井沢でヤーさんとゴルフをやってた

井上　だから男と女の話の背景が１９６８〜69年でいいじゃないですか。お金のことがあるなら、エリック・ロメールの『グレースと公爵』（01年）の書割でいいから。だって僕の『戦争と一人の女』（13年）の時に「お前、書割にしろ」って言いましたよね。書割にしてその代わり荒井さんしか書き得ないディテールを書き込んでいけばいいんじゃないですか。そういう映画を観たい。

荒井　ベストワン監督が書割でできると思ってる？

白石　あははははは。

井上　荒井さん、昔と違ってベストワンは価値がなくなったから大丈夫ですよ。

荒井　そういうことを言うか。

井上　ベストワンどころかベストテンに入ったこともないヤツが（笑）。

さっきの、造反して赤バスから足立正生さんを追い出したその後の話をしてくださいよ。若松プロ史観では結局、赤バスを乗っ取ったけど、どうにもならずに埼玉の空き地に乗り捨てて、ずっとあちこちに逃げ回っていて、プリントもどこに行ったかわからなくて、東京に戻れないから軽井沢のラーメン屋で働いていたという。

森　それって連合赤軍のエピソードにちょっと通じるよね。彼らも転々と山岳ベースやアジトを行き来しながら、東京でラーメン屋で働いたりしていたらしい。

荒井　若松さんの命令で日本刀を持って日芸の芸闘委の行動隊長だった岩淵進が博多に来るという情報があって、鉄パイプ用意して待ってたんだけど来なかった。で、東京戻ったらやられる前に若松プロを襲撃するかという案も立てたの。でも新宿で遭遇するのもいやだなと思っていた時にバスに乗っていたひとりが軽井沢で住み込みでラーメン屋をやらないかという話を持ってきた。それに乗って斎藤博と4人かで行ったんだ。ラーメン屋とあさま山荘の間に、セブンツーという大きなゴルフ場があって、ある日、黒いベンツが2台止まったんですよ。そこで斎藤に「俺、やくざ嫌だから、やくざだったら断れ」って言ったの。そしたら入って来たのが若松孝二なんですよ。ゴルフ場帰りで。後年、連合赤軍の映画を撮る人が事件から半年後くらいに隣のゴルフ場でヤーさんとゴルフをやってたんだよね。一瞬、固まったな。

森　それって偶然？

荒井　偶然。それで向こうも、あいつら、こんなところで落ちぶれてラーメン屋をやってんのかって思ったらしいんだな。同情心が湧いたらしい。こっちは固まってどうしようと思っているのに。そしたら、「荒井、ちょっと来い」って言って、殴られるかと思ったら、こっそり耳打ちするんだよ、「あの連中、ヤーさんで金持ってるからボッていいぞ」って。「若松さん、ラーメンでどうやってボルんですか」って聞いたら「つまみ出してつまみで金のせろ」とか言って（笑）。

井上 だって若松さん、荒井の腕を取るってゴールデン街を日本刀を持って歩いていたんでしょ。そうやって言いながら若松さんらしいエピソードだよね。

荒井 メンマとチャーシューのつまみで少しボッたけどね（笑）。

田中登の『㊙色情めす市場』の併映で、俺、打ちのめされました

白石 それでラーメン屋はそのタイミングでやめたんですか。

荒井 いやシーズンの商売だから軽井沢に赤とんぼが飛ぶようになって、どうしようかなと思っていたら、若松さんが「帰って来い。助監督いないから」と。それで斎藤博が先に帰って、俺はギリギリまで粘っていたんだけど、帰って、それで若松さんは『濡れた賽ノ目』（74年）を撮るんだよ。要するに足立さんがいないからホン書く奴がいないから書けっ

て。この間、ネガが見つかったんだから、イベントをやる時に上映すればいいのに。プリント焼く金出しても日活のプリントになっちゃうんだから、日活から買い戻せばいいんじゃないの。日活が持っていてもしょうがないんだから。そしたらＤＶＤにもできるし、商売のしようがあるじゃない。

井上　当時だから脚本は出口出のクレジットですよね。そしたら荒井晴彦の幻のデビュー作っていう売りにしても大丈夫ですか。

荒井　いやあ、それは恥ずかしいな。

井上　森さん、その『濡れた賽ノ目』ってまだ状況劇場にいた根津甚八さんの初主演作なんですよ。

森　唐十郎さんが監督した『任俠外伝　玄界灘』（76年）で、スクリーンに映る根津さんを初めて観ました。それが根津さんの映画デビューだと思っていたけれど、その前に若松さんが撮っていたんですか。

荒井　初めてなんじゃないかな。で唐さんにギャラ１００万とか言われて、「吹っ掛けすぎじゃないの、喧嘩しよう」って言って、若松さんと二人で、唐十郎をゴールデン街中さがして、結局ふたりで酔っ払って倒れてたけど。

井上　しかも『濡れた賽ノ目』は1972年に撮っているんでしょ。製作費がかかりすぎてオクラになっていたんですよね。

荒井　何かの裏ルートで日活に買ってもらったんだよ。

白石　ますます観たいなあ。

荒井　しかも日活では田中登の『㊙色情めす市場』(74年)の併映だったんだよ。もう、失礼しましたっていう感じで、俺、打ちのめされました。

森　『㊙色情めす市場』は圧倒的な傑作です。そういえば小室等さんから、ゴールデン街で状況劇場と天井桟敷が毎晩のように喧嘩していた話は聞いていたけれど、若松孝二もそこにいたのか。

井上　若松プロと状況劇場もけっこうやっていたらしいですよ。

荒井　足立さんが空手をやっているからね。

森　足立さんも喧嘩っ早いんですか。

荒井　けっこうやっていたんじゃないかな。

井上　でも若松さんって意外に喧嘩やってないんですよね。

森　崔洋一さんが、本気で喧嘩したら一番怖いのは、俺でもゴジ（長谷川和彦）でもなくて若松さんだって言ってた。

今ならパワハラで訴えて勝てましたね

荒井　うまいんですよ。道具を持つのも。飲み屋で呑んでて、すっとその辺の灰皿を取って頭にボーンと行くからそれは勝ちますよ。先手必勝って言っていたけどね。喧嘩ってそうなんだって。

森　それはたしかに実戦的だ。

白石　それはもうやくざの喧嘩の仕方ですよ（笑）。

井上　荒井さん、「若ちゃん」と言えるようになったのはずいぶん後年って言っていましたけど、『濡れた賽ノ目』の頃、脚本家と監督の関係になってからも、やはりずっと怖いと思っていたんですか。

荒井　怖いよ。俺はいじめられてたの。だって赤バス事件のしこりみたいなものがあったし。『濡れた賽ノ目』の時は、断崖絶壁で有名な親不知・子不知ロケをやろうということにした。そういうホンを書いたんだけど、若松さんは新潟の直江津か糸魚川まで当時、特急で行くわけだよ。ところがこっちはガイラたちと夜中じゅうハイエースに乗って行くわけ。でやっと着くと、「撮影できるかどうかちょっと見てこい」と言われて、崖を降りてくわけだよ。ちょうど満潮で波に追っかけられてるのを見て、若松さんは上で笑ってんだよ。俺がずぶ濡れで上がってくと「どうだ、あそこで撮れるか」って聞くから、「いや、撮れません」っていうと「わっはっは」て笑ってね（笑）。

井上　今ならパワハラで訴えて勝てましたね（笑）。

荒井　それでメシになると女中さんをわざわざ呼んで「こいつらには漬物とごはんのおかわりだけあればいいですから」って言って、ガイラだけはこの時カメラマンだったから特別扱いで、別室で根津たちとカニとか甘エビの刺身なんかを食ってんだよ。わざとそういうことをやるんだよな。

井上　荒井さん、48年も前なのに、甘エビのことなんかよく覚えていますね（笑）。

白石　ディテールがすごいですね。

荒井　で、せっかく日本海撮りに来たのに、雨なんだよな。2日待ったかな、若松さんは、もう我慢できなくて、千葉の大原行こうって。俺が、日本海と太平洋じゃ海の色が違うって言ったら、海は海だって。

井上　昨日もこの劇場で新さんと白石、井上でトークをやったときに、ほかの時代の若松プロを描きませんかっていう質問が出ていたけれども、荒井さん、赤バスのその後を書いてくださいよ。

荒井　だって白石とか井上って、そういう目にあったことがないんじゃないの。

白石　僕は立ち回るのがうまかったですからね。

井上　僕がいたときは若松さんが超低迷期だったからそんなに作品がなかったですからね。僕が入ったときは若松さんが49歳の時だから、それなりに丸くなっていたと思いますよ。あの頃って若松さん、ほんとうに助監督を蹴っていました？　僕たちはそんなこと全然なかったですけどね。

＊『濡れた賽ノ目』は4月2日にディメンションから発売されました。

「鰻食えるようになるまで、がんばるんだぞ」

荒井　斎藤がくわえ煙草でカチンコ打って、くわえ煙草は10年早いって、頭ぶたれてた。俺も電話の受け答えが悪いっていうんで蹴られそうになったことがあったな。

井上　だってあの人、ひとが電話を受けるのきらいですからね。自分で全部、受けちゃう。

荒井　事務所でメシ食う時なんか同じものを食ってた？

井上　ええ、僕たちの頃は。若松さん自体もそんなに金がなかったから、若松さんがメシを作ってみんなで食べていましたよ。

荒井　あの頃は自分は鰻重を出前で取って、俺とかめぐみはラーメンでさ。それで「うまいなあ、お前ら、食いたいだろ。これ食えるようになるまで、がんばるんだぞ」なんてうるさいんだよ（笑）。だけど、そのころ、鰻なんて食べたことなかったら、ラーメンでいいやと思ったけど。

白石　でも今の話を聞いていても、荒井さんがいた頃の若松プロって楽しかったろうなと思いますよ。

荒井　そうだよ。お坊ちゃんがエライ目にあったんだから。

白石　でもある意味、修業時代のそういうワイワイしていた時間って貴重な時間で、荒井さんもそうですし、足立さんがいたときも、めぐみさんもそうだったと思うんです。

荒井　やっぱり愛憎こもごもですよ。このやろうって思うのとさ。

井上　師弟って難しいんですよね。森さんにとっては、ぼくたちの若松プロみたいなものってあったんですか。

森　そこに匹敵するものは全然ないですね。ぼくはテレビも遅れて入ったし、映画も遅れて入っているし、ぜんぶ遅れてるから修業時代がないんです。だから基礎もぜんぜんつけないままで知ったような顔をしてやっているっていうのが常にあって、内心はいつもひやひやしてるんだけど。そういう感じでここまで来ちゃったんで。しいて言えば、テレビ時代に師匠みたいな人は一人いましたね。編集しながら、もう一人のディレクターと「このカットを入れたらテレ朝のプロデューサーは喜ぶから、こうしようか」なんて言っていたら、いきなり後ろから蹴られて、「お前ら、誰のために作ってるんだ！」って怒鳴られたり、というようなことは多少ありましたけど、それぐらいかな。

井上　それは名前を聞けば誰でも知っているようなドキュメンタリーのディレクターだったんですか。

森　千秋健さん。ドキュメンタリージャパンの生え抜きのメンバーです。

井上　森さん、劇団時代はそういうのはなかったんですか。

森　ああ、20代は演劇やっていたけど、あんなの全然、中途半端ですよ。

井上　だって、森さんは本来は『夢みるように眠りたい』（86年、林海象監督）の主役だったんですよね。

森　……詳しいですね。

夢破れた、死屍累々の「負け組」の側から

井上　病気になって佐野史郎さんに変わったんですか。

森　うん。20代はずっと芝居をやっていて、27～28の時に林海象がお金を集めてデビュー作を撮るぞっていう話になって。海象とはそのころ、一緒にアパートに住んだりとかそういう時期もあったりしたんです。で、海象に「どんな映画」って聞いたら、「サイレント

でモノクロ」っていうから、内心は絶対にヒットしないと思いながら、「主演なら出てやるよ」みたいな感じだったのだけど、クランクイン直前に、病気じゃなくて猫にひっかかれて傷から菌が入って太ももが2倍くらいに腫れちゃったんです。高熱でまったく動けない。阿佐ヶ谷の河北病院に運ばれて、最初は骨膜炎で足を切断するかもって言われたけれど、結局は蜂窩織炎《ほうかしきえん》って診断された。

白石　それ、エピソードが秀逸ですねぇ（笑）。

森　で、点滴しながら病院のベッドに寝ていたら海象が青ざめてやってきて、「森君、美術は木村威夫さんに依頼して撮影は長田勇市さんで他の役者さんもみんな押さえてしまったから、リスケはもうできない」って言われて、まあそれはそうだろうなと思ったし、そんなにその作品に執着してなかったから、「いいよ。代役はいるの」って聞いたら、「状況劇場をやめたばっかりの佐野史郎君がいる」っていうから、「ああ、いいんじゃないの」って答えて、そうしたら映画はヒットして佐野君がブレイクしちゃって。自分には演技力が致命的にないということは何となくうすうす気づいてはいたんです。でも演技力もないし運もないいんだって気づいて、こりゃあどう考えてもダメだろうと。それで役者をあきらめたんです。

井上　それじゃあ、もしかしたら森さんが「ずっとあなたが好きだった」の冬彦さんをやっていたかもしれないんですね（笑）。

森　それはない。やっぱり佐野さんだからヒットした。

白石　いやあ、人生、面白えなあ（笑）。

井上　もう一つ、この映画を作る時に言ったのは、今、レジェンドって言われる人たちは、なんだかんだ言ってもこの業界に残っていて、カッコ付きの勝ち組、負け組みたいに言えば、自分の立ち位置を得た「勝ち組」じゃないですか。この映画はめぐみさんを描いていることもあるけれど、才能や経済やなんやかやのせいで夢破れた、死屍累々の「負け組」側で行こうよっていうのはずっと言っていたんです。荒井さんが若松プロにいた何年かだって多くの人が通り過ぎたわけだけど、けっこうそっち側の人っていたんですか。

荒井　いや、そんなにいなかったな。何人かはいるけど。いつの間にか、来なくなるんだよ。金払ってるわけじゃないしね。若松さんの甥っ子みたいな人もいたからね。後年のほうが井上みたいな志願者はいっぱい来ていたんじゃないの。

井上　どうだろう。でも僕がいた5年間で7～8人ぐらいでしょ。白石のときはどれぐらいだった？

白石　でも5人ぐらいですかね。若松さんも本数撮ってなかったんで、ほんとうに1年半で1本ぐらいなんで、助監督を受け入れる余地がないんですよね。

荒井　俺がいなくなってから何となく空白みたいな感じがあったんじゃないかな。それから高橋伴明が来ていたのかな。高橋は『赤―P』のことで俺の側に立って、若松さんとケンカして、それから仲良くなったらしい。それまで大和屋（竺）さんとか足立さんだ、沖島勲さんだ、ガイラだ、秋山だっていろいろいたじゃない。だから、そのころ佐藤重臣が俺のことを「若松プロの最後のスター」っていうふうに書いたことはあるけど、若松さんが『愛のコリーダ』でプロデューサーやるっと聞いて、大島渚の助監督やりたいなと思ったけど崔になって嫉妬したな。でも、崔から泣きの電話が入って、斎藤、荻原達と京都へ崔の愚痴を聞きに行った。

完全に影響されて、絶対に若松プロの助監督になるぞって

森　今さらの質問だけど、井上さんと白石さんは、なぜ若松プロの門を叩いたんですか。

井上　僕は高1の終わりに石井聰亙の『爆裂都市　BURST CITY』（82年）を観にいったら、併映の『水のないプール』がすごくよくて、あの頃はまだレンタルビデオもなくて、愛知県の田舎の映画青年はあまり映画を観てなくて、それで結構、衝撃を受けて。そして高2の夏に『若松孝二・俺は手を汚す』（ダゲレオ出版）という若松さんの自伝を読んだら、俺はこんなにいっぱい映画を撮ってる、こんなにも時代と切り結んでる、こんなにも社会と闘ってる、こんなにも助監督をデビューさせてるって書いてあって、もう僕はバカだから完全に影響されて、東京へ行ったら、絶対に若松プロの助監督になるぞって思っちゃったんです。

もっとバカなことに高2の終わりに若松さんが名古屋にシネマスコーレという映画館を作って、浪人の時に夏期講習をさぼってそこで映画を観ていたら、若松さんが何の予告もなしで舞台あいさつで入ってきたんですよ。それでこの機会を逃しちゃいけないと思って、

「弟子にしてください」って言って新幹線の入場券で東京へ付いていったら、若松さん、これはまずい、追い返さなきゃいけないと思って、「お前ね、うちは給料は払わない。その代わり、4年で監督にしてやる。今、浪人しているなら大学4年間の間に親の金で生活して、それで監督になればいいじゃないか」って言ったんです。それで引き返してきて、受験して、その翌年から若松プロに行きました。

森　大学生をやりながら助監督をやれって言われたんですか。

井上　そうなんです。給料払えないから親の金で生活しろと。白石さんは?

白石　僕は映画のスタッフになりたかったんですよね。それで中村幻児監督がやっていた映像塾っていうところに行っていて、そこの顧問が深作欣二監督と若松孝二監督だったんですよ。そこにいる時にまさに佐野史郎さん主演の『標的 羊たちの悲しみ』(96年)っていう映画なのかVシネなのかがあって、それのときに助監督の大日方教史さん、今作のプロデューサーなんですけど、大日方さんひとりしかいなくて、若松さんが困って、誰か手伝える奴いないかっていうんで、僕が手を上げて現場へ行ったのがすべての始まりです。僕は、若松作品は観ていましたけど、若松プロ以外じゃありえないみたいな感じでは正直なかったんですけど。

荒井　あの映像塾から白石以外、誰か映画監督って出ている？

白石　どうだろう。誰もいないんじゃないかなあ。監督になった人はいないかもしれないですね。

井上　森さんは、なんか若松さんとのエピソードはないんですか。

森　うーん。佐藤真っていう同世代のドキュメンタリー監督が自殺というか事故死というか亡くなったとき、偲ぶ会を青山の青年会館でやって、そのときに僕は受付にいたんですね。時間になってセレモニーも始まって、じゃあもう受付をしまおうかなと思ってたら、若松さんが階段を駆け上がってきて。たしかベルリン映画祭に行ってるから、若松さんは来れないよって聞いていたんだけど、僕の顔を見て、「真が死んだって、ほんとうなのか？バカヤロー」って言いながら中に入っていって。はっきりじゃないけれど、泣いていたような気がするな。その前にもいろいろ呼ばれたり話したりしていたけど、あれがほんとうに生の若松孝二だっていう感じで、すごく印象に残っています。

若松孝二という人間は面白いけど、映画は面白くない、と

井上　あと森さんと若松さんと園子温さんでトークをやって、森さんと園子温さんが喧嘩したんですよね。

森　喧嘩っていうんじゃなくて、園子温が何度も絡んできたから頭にきて、こっちもそういう戦闘態勢になったら若松さんがオロオロっていう感じで、逆にそれが不思議でね。天下の若松孝二がこんなに困ったような感じで「ちょっとトーンを下げようよ」みたいに言ってきたから、逆にびっくりしちゃったということはありましたけどね。

井上　なんか若松さんらしいなあ。

森　そういうところもあるわけでしょ。でもたぶんそれが自分にお鉢が回ってきたら、いきなり灰皿で相手の頭を殴ってくるわけだよね。

井上　でも、この映画の取材で足立さんが「若ちゃんはそういう伝説はあるけど、実際にはやらないよ」と言ってました。

森　でもどうやって伝説を作るんだろう、実際にやらないで。

白石　1回やったことが、すごくいっぱい何回もやったことになっているんじゃないですか（笑）。まったくやってないっていうことじゃないと思いますけどね。

井上　荒井さん、こんなに若松さんのことを人前で話したのって初めてじゃないですか。でもどうしてこんなに若松さんを大好きなのに、嫌いだっていうポーズを取り続けちゃったんですか。

白石　ほんとうにそうですよ。いい迷惑（笑）。

荒井　いやあ、あんまりみんなで神話化するからさ。そうじゃないよっていう。若松孝二という人間は面白いけど、映画は面白くないって言ってるだけだよ。

白石　そんなに神話化させているつもりはないですけどね。

井上　逆にこの『止められるか、俺たちを』で若松さんが神話じゃなくなったんじゃないですか。本来、こうやって映画になると神話になるはずなのに。それはないですか。

荒井　どうなんだろう。井上なんかを見ていると心酔の仕方というのがね、カリスマ性というのか、そういうのが、ええって思うだけで。あの人の言うことってわかりやすいっていえばわかりやすいじゃない。それがすーっとあんなに役者にしみこむじゃない。井上だったり井浦新だったりさ、それがわりあい不思議でさ。

白石 でも、それは慕われていたっていうことでいいじゃないですか。

井上 監督として役者にそうやって慕われる言葉を持っていたって、すごくないですか。

荒井 そうお？

井上 そうおって言われると（笑）。

『実録・連合赤軍』以降、若松さんは役者と映画を作るようになった

白石 じゃあ今度、『火口のふたり』の主演の瀧内公美に、荒井さんのこと大好きだって言えっていう話をしておきますよ。

荒井 いいよ。俺、そういうの困るよ（笑）。

井上 だけど白石までは若松さんは助監督と映画を作っていったわけですよね。「お前ら、どう思う」とか言って現場でも助監督を怒鳴り倒して、現場をシメるみたいな。でも『実録・連合赤軍』以降、白石が離れてから、若松さんは役者と映画を作るようになったんじゃないですかね。

荒井　なるほどね。だからそれまではそうじゃないんだよ。口うるさいブレーンがいっぱいいたからさ。脚本も映画もそれなりのものになっていた。

井上　だから『実録・連合赤軍』で白石と大日方さんが助監督で付かなくなったというのは大きかったのかな。

白石　それで新さんとか満島（真之介）さんとかにすごく頼って、そこを起点に映画を作っていたんですよね。

荒井　それまではアクションシーンなんかでも最初は作り物を持たせておいて、本番になったら、ほんとうの木刀でやらせるとかね。そうして役者が「痛い痛い」って言うシーンをカメラで回したり、処女喪失シーンでも足をつねるとか、そういう演出ともいえないことをやっていた人だから。何でこの役者たちは心酔しているんだろうなっていう不思議な感じがあるわけです。

井上　でもそれは違うと思いますよ。一緒に作っていたということが他とは違う体験だったんじゃないですか。それにやっぱり若松さんには、役者をその気にさせる力があったと思いますよ。それだって、立派な演出力じゃないですか。

荒井　いやいや、だけど『実録・連合赤軍』で加藤兄弟の一番下の「勇気がなかった」っていう台詞にはあきれる。それが、総括リンチの総括かよって。あさま山荘と似ても似つかない自分の別荘を建て替えるついでに撮影しちゃおうという映画が、なんでヒットしたのかなあ。

白石　でも『実録・連合赤軍』から新さんたちと映画作りが始まったわけで、それでいうと時代を知っている、知っていないという中でのそれまでの演出の仕方とたぶん違ったと思うんですよ。自分が見てきた時代をやってもらっているわけだから。そこでの言葉の持つ説得力とか強さって間違いなくあったはずなんで。それは俳優たちが大丈夫だと言われて、また、映画としてヒットしたこともそうだし、国際映画祭に行ったり、映画自体がすごく幸せな映画になったことは、彼らにとってもすごくいい成功体験になったんじゃないかと思います。

２０２０年７月26日、あまや座（茨城県那珂市）にて

第4章　憲法映画論、そして加害と被害をめぐるドキュメンタリーの核心へ

「憲法くん」と渡辺美佐子さんの原爆朗読劇をつなげた

井上　まず最初に、僕がどうして『誰がために憲法はある』という映画を作ったのかという話をしたいと思います。安倍政権になってから7年半の間、特定秘密保護法案に始まり安保法制、共謀罪と、どれだけ反対の声があろうが、大した熟議もされずに、数の論理だけで強行採決され続けました。もうやられ放題で、なのに支持率も下がらない。でも、映画は作って公開するのに時間がかかるので、何もできずにいたんです。しかし、憲法だけは2020年、今年に改憲すると言ってはばからなかった。それならば、映画を作って、反対の意志を示せるかもしれない。それに、もしかしたら現行憲法最後の憲法記念日になったかもしれない去年の5月3日に、一本も憲法の映画が公開されていないなんてあり得ない。そう思って、憲法の映画を作ろうと思いました。ただ、ぼくは本籍脚本家だと思っ

ているので、最初は劇映画で憲法をテーマに作れないかと思っていました。

今、スマホから自民党日本国憲法改正草案にアクセスしてもらうと、改憲草案が出てきますが、これがめちゃめちゃで、今の自民党がやろうとしている改憲の三本柱は「国民主権の縮小」「基本的人権の制限」「戦争放棄の放棄」です。で、最初はこの改憲草案が成立してしまった10年後の世界をやろうと思ったんですが、そんなことをやると、ジョージ・オーウェルの『１９８４年』みたいな作品にしかならないので、それでは説得力がないだろうと思いました。全部が全部成立するわけでもないし。そんな時に『あたらしい憲法草案のはなし』（太郎次郎社エディタス）という本が出ました。これは１９４７年、日本国憲法の施行の年に『あたらしい憲法のはなし』という中学生向けの副読本が出たんですが、そのパロディとして、この自民党憲法草案をわかりやすく解説した本だったんです。それで、これを自民党の政治家に扮した5、６人の役者が演説していく形にすれば、自民党の改憲草案の出鱈目さを広く知らしめることにもなるだろうと思ったんです。

ただ、これは本だったらあとがきでパロディですと書けるけど、映画におけるあとがきは何だろうと一生懸命に探している時に、『憲法くん』（作・松元ヒロ、絵・武田美穂、講談社）

という絵本と出会ったんです。「憲法くん」というのは松元ヒロさんが日本国憲法を擬人化して喋るという、二十数年間も舞台でやっているネタなんですけど、それを読んで、そうだ、これを自民党改憲草案の後にくっつければいいんじゃないか。そうすれば自民党の出鱈目さを撃つことになるんじゃないかと思って、やることにしました。

やるなら、松元ヒロさんよりもご自身が戦争を体験された方に演じてもらったほうがよいだろうということでいろいろ探した結果、渡辺美佐子さんにやってもらうことになりました。撮影当時、85歳だった美佐子さんが台詞を全部覚えることになって、初めて自民党の改憲草案をシナリオにしてみたんですけど、やはり軽い嘘の言葉は所詮どんなうまい役者が演じても嘘にしかならなくて、「憲法くん」にたどりつくまでの1時間ももたないんじゃないかという当たり前のことに初めて気づいたんです。で、キャスティングもしていたし、原作も押さえていたんですけど、一度、それを全部捨てて、まず「憲法くん」だけを撮りました。

そして、あと1時間、何をやろうかと考えていた時に、「憲法くん」の撮影の取材に来ていたBS朝日の記者に呼び出されて、「井上さん、渡辺さんの初恋の話と原爆朗読劇が来年（2019年）終わるって知っていました？　私、局に企画を出したんだけど、通らなかったんで、代わりに井上さん、撮ったら？」って言われたんです。恥ずかしながら、僕、全く知らなくて。実は、渡辺美佐子さんは2年前に亡くなった僕の母親とまったく同じ1932年10月23日が誕生日で、それを知って勝手に運命みたいなものを感じました。それでそれをドキュメンタリーとして撮ることにしました。果たして「憲法くん」とそのドキュメンタリー部分が一本の映画になるのかどうかわからなかったんですが、とりあえずこういう形になりました。

だから『誰がために憲法はある』というタイトルで観にきて、なんだ、やっていることは憲法じゃなくて朗読劇のドキュメンタリーじゃないかって思われた方もいらっしゃるかもしれません。だけど、「憲法くん」の語る「私というのは、戦争が終わったあと、こんなに恐ろしくて悲しいことは、二度とあってはならない、という思いから生まれた、理想だったのではありませんか」という言葉の、「こんなに恐ろしくて悲しいこと」が、あのドキュメンタリー部分でより具体的になったことで、憲法の理想が皆さんにより届いていたらいいなと思っています。で、通常の舞台挨拶だと、この映画には三つの大きな欠点がありますと続くんですけど、その欠点は荒井さんが試写を観た直後から言っているので、どうぞ。

「加害」という戦争の本質への問いがない

荒井　なんだっけ、その欠点って。

井上　僕が言っている欠点とは、一つは戦争の被害だけやって加害の問題に触れてないこと。もう一つは第9条の一番の矛盾である沖縄のことに言及していないこと。そして僕は昔から改憲派ですけど、それは第一章の天皇制を削除すること。そのことに全く触れてない。この三つですね。

荒井　まず、敵が変えようとしている一番のターゲットは9条なわけじゃない。じゃあなんで9条に絞らなかったのかということだよね。渡辺美佐子さんたちの「夏の会」の原爆朗読劇がメインになっちゃったわけで、結果、サンドイッチにするんだったら、9条でサンドイッチしないとつながっていない感じがしたな。今日、この映画を観るのは2度目だけど。去年、最初に観たときにはゆるいなあと思った。そして、何だ、このゆるさはと思ったのは、井上はこういうものをやる時はその意見に賛成している人しか結局、観にこない。そのハードルというか、そうじゃない意見の人たちを引っ張ってくるにはどうするかと言っていたけど、結局ハードルの問題じゃないんじゃないかな。やっぱりそれは結局は観にこないでしょ。関心を持たないというか。井上がこの映画をもっていろんなところを回って、お客さんと話して、観た人が右から左に大転回してというようなことはありえないだろう。

井上　たとえば質疑応答で「9条について絡まれたりしませんか」ってよく聞かれるんですが、ひとりもいないんですよね。ということは荒井さんの言う通りで、どれだけ自分の中で間口を広げたと思っても、やっぱりこの映画を観にいらっしゃるのは9条を守らなきゃねという人だけなんです。だからそのことをいつも悩みながら、上映しているんですけどね。

荒井　だから第9条で言えば、ほんとうに軍隊を持たないで攻められたらどうするんだと必ず素朴に言う人がいるよね。で、そんな攻めてくる国はないよっていう風には言い切れないんだけど、俺もどっかで、どこも攻めてこないよと思っている。昔、初代全学連委員長の武井昭夫さんとそのことについて話すことがあって、「武井さん、軍隊を持たないで、もし攻めてきたらどうするかということを、どういうふうに考えてるんですか」って聞いたんだよね。すると「信念として人を殺さないことだ」と。俺が「ということは、殺されることですか」って言ったら「そう」と言うんだね。それを聞いて俺はすごい決意だなと思った。そういうことで9条なんだと。殺されてもいいんだ。人を殺さないことのほうが大事なんだと。

だからそれは、ずっと言っている加害と被害の問題になってくるんだけどね。日本人は戦争というと被害を語るよね。でも戦争は加害、殺されるだけじゃなくて、人を殺すわけじゃない。そっちへなかなか考えがいかないよね。そうするとこの『誰がために憲法はある』は何を言いたかったんだろうと思うんだけどね。渡辺美佐子さんのドキュメンタリーとしては別にWOWOWのノンフィクションでやっていて、幼い時の初恋の人が広島で爆死したという話は全く同じコンセプトでやっているしさ。そうすると井上の映画は何だったんだろうと思った。

井上　森さんにはメールに書いたんですけど、これは『大地を受け継ぐ』（15年）に次ぐ僕の2本目のドキュメンタリーなんですが、その『大地〜』の時もこれも、宣伝部が「森さんにコメントを」と言ったんだけど、「絶対に褒めるわけないから、やめよう」と(笑)。森さんとは沖縄シアタードーナツのリモートトークで『誰がために〜』の話をちょっとしましたけど、どうですか。

ラジカルな映画作家がなぜオーソドックスなドキュメンタリーを撮るのか

森　作品論の前にこれは井上淳一論に必然的になるんじゃないかなと思っていて、けっこう長くなりますけど。井上淳一というのはきわめて特異なポジションにいる、希有な監督だと思います。で、まず、『誰がために憲法はある』という映画は決して得な構成ではないんです。企画自体が憲法というものをテーマにする。あるいは9条、原爆、そうした三つがそろって新劇の女優たちがいる。新劇といえば築地小劇場だったりと、言ってみれば戦後左翼の一番リベラルの総本山みたいな時期もあったわけじゃないですか。当然、所属している俳優さんたちも皆そういう洗礼を受けているわけで、その女優さんたちを使い、そのシンボリックな存在の渡辺美佐子さんをメインにして彼女の初恋の人が広島で被爆したということで原爆につなげる。決してドキュメンタリーとして得じゃないんです。非常に予定調和的で、でもそれはたぶん井上さんはわかっているんですね。

それは『大地を受け継ぐ』でもそうですね。これは福島第一原発事故により被曝の被害を受けた農家のお父さんが自殺しちゃうんですよね。その息子さんを描いたドキュメンタリーなんだけど、これも非常に実直というレベルで。ところがこれは井上さんの謎の部分なんだけど、井上さんが脚本を書いた『アジアの純真』(11年、片嶋一貴監督)では、あえてこのテーマにラジカルに向き合っている。『アジアの純真』ってとんでもないです、これ。最近、『ニューズウィーク日本版』に作品評を書きました。これは観逃していた自分を恥じるという感じで書いたんですけど、突き抜け方がすごいよね。

白石　森監督が言いたいこと、すごくよくわかります(笑)。

森　その突き抜けている井上さんがドキュメンタリーになると非常にオーソドックスを自ら意識して、あえてそちらに自分は行くよという感じでやっているのが興味深くて、そのあたりを今日は聞いてみたいなと思ったんです。

この映画、今日観たバージョンで、観客の皆さんも途中、あれっと思った人がいるんじゃないかな。女優さんたちと学生さんたちがシンポジウムでみんなでQ&Aをやるシーンがありますよね。で、学生たちが全然映らない。僕も『A』（98年）という映画の中で当時、オウム真理教の荒木浩広報副部長が一橋大学のゼミに呼ばれたシーンを撮ったんだけど、学生たちとQ&Aをやったんですね。学生からは、解脱したいとか修行したいという気持ちは煩悩じゃないのかとか、麻原彰晃は奥さん以外にも女がいっぱいいて子供がいっぱいいて、しかも好きなものを食ってて、どこが最終解脱者なんだとか、そういう質問が出るのだけど、荒木さんの答えを全部カットして学生の質問だけにしたんです。

そういう編集にした理由の一つは、荒木さんの答えが宗教的に誠実すぎてつまらなかったということがあるんだけど、もう一つは、答える荒木さんにこの映画の主体はないんだと宣言したかったんです。

オウムを撮った映画ではあるけれど、僕が被写体としてフォーカスしているのは、オウムではなくてそれを取り巻く社会の側なんです。オウムは触媒でしかない。そう思いながら映画を撮ったけれど、おそらく世間はオウムの映画という見方しかしないだろうし、ならばそうではないということを編集の意図として示したい、ってむらむらと思ったんです。

だから荒木さんの答えはあえて削って、学生たちの質問だけを残して編集したんですね。それがよかったかどうかはわからないけど、観てくれたなら、その意図は何となく伝わったんじゃないかと思うんです。この何となく、が映画は大事で、被写体はオウムだけどテーマは日本社会です、って言葉にしちゃえばそれは簡単だけど、でも映画ではなくなってしまう。

だから井上さんも、そういう作為があっての編集なのだろうかと勝手に考えていたら、昨日、名古屋のミニシアター、シネマスコーレの舞台挨拶でこれについてしゃべっている映像をYouTubeで観ちゃったんで、ああ、そういう理由かと思ったんです。それは井上さんから語ってもらったほうがいいけど、ただ、結果としてあれはすごいシーンになったんです。ドキュメンタリーって自分では意図していないのにモンタージュとして違う意図を提示してしまうことが多々あるし、そういうある意味でのアヴァンギャルドな面白さがある。だけど、井上さんはそこを極力避けて、なるべく実直にやっているのに、結果としてああいうハプニングがあったから、あんなシーンができて、それが逆にいいシーンになっちゃったのが面白いなと思って観ました。

ワン・ビンの手法で行けると思った

井上 ほんとうに、『アジアの純真』にしろ、『戦争と一人の女』（13年、井上淳一監督）は荒井さんがシナリオを書いているんで、そのラジカルさは荒井さんのラジカルさでもあるんですけど、なんでドキュメンタリーになると、とはよく言われます。もちろん僕はドキュメンタリーを観ていましたけど、素養とか何か積み重ねてきたものがあるわけじゃないので、自分がドキュメンタリーを撮るなんて思ったこともなかったんです。ただ、荒井さんに誘われてワン・ビンの『鳳鳴（フォンミン）―中国の記憶』（07年）という3時間近くある映画を観たんです。

荒井 つまり人がしゃべっているのを撮ればいけると（笑）。

井上 なんで荒井さん、先に言うの！（笑）。これは70代半ばの女性がマンションの一室のトイレから出てきてソファに座ったら、ほぼ3時間、自分の半生を喋り続ける映画なんです。ただ、その半生が反右派闘争と文化大革命で粛清されて、収容所に入れられて、旦那さんともそこで死別してという、中国の暗い近・現代史を語っている映画なんです。

で、あ、この手法ならできるんじゃないかと思ったんです。僕は有能な脚本家でも監督でもないんで仕事がなくて、ある時期、ワン・ビンの手法で野中広務を撮ろうと思った時期があったんです。ものすごく真剣に、超絶に強い伝手を使ってコンタクトを取ったんですけど、どうしても駄目で、どうしようと思っている時に『大地を受け継ぐ』の樽川（和也）さんという農家の人に出会ったんです。で、ワン・ビンのスタイルでいけるじゃないかと。ただワン・ビンみたいにずーっと撮り続ける自信はないから、東京から誰か連れて行こうと。最初に僕が樽川さんの話を聞いた時にやっぱり聞いている人たちがいて、その人たちがわんわん泣いて、樽川さんもだんだん感情が高まっていくのを見ていたので、誰かギャラリーがいるかなという、ほんとうにそれだけだったんです。それで学生たちを連れていった。

今回に関しては、さっき言ったように、ほぼ出会い頭のようにスタートした話なので、オーソドックスと言われると非常に、ああ、そうなのかと自分でも自覚するところがあります。で、そのシンポジウムの中学生問題ですけど、もちろん撮っていて、最初の完成バージョンにはありました。これ、ＢＳ朝日の記者に「朗読劇を撮りなよ」と言われたのが、

4日後から稽古で、撮影した広島公演が2週間後という時だったんです。そこから渡辺美佐子さん以外の女優さんにコンタクトをとって稽古場には3日通ったんですが、そんなに信頼関係を築けないまま撮影しているんです。僕は、稽古場で「憲法くん」と一緒にやりますと説明して、広島公演も撮らせてくださいと話してはいました。広島公演直前には女優さんたちに手紙も出しました。しかし、広島の中学校は「ANT-Hiroshima」というNGO団体を通してブッキングされていたんですが、高田敏江さんから学校にも撮影許可申請を出してくれと言われて、中学校には「憲法くん」のことは書かずに、朗読劇のドキュメンタリーですと書いて出したんです。余計なことは書かない方がいいと。

そうしたらこの完成作品を見た高田さんが、「中学校は朗読劇だからオーケイしたんであって、こんなふうに『憲法くん』に挟まれて『誰がために憲法はある』というタイトルがついちゃったら駄目じゃないかしら」と言われたんです。小さな忖度が大きくなるのは世の常で、NGO団体を通してその忖度が中学の校長の耳に届いた時には完全に大きくなっていて、中学生を映すことはまかりならんと。僕は映画を見てもらったら納得してもらえると思ったんですけど、そんなことはなくて、「なぜ原爆はよくて、憲法は駄目なんだと。

憲法になったとたんに政治になるのか」という話もして、誠実に交渉したつもりですが、受け入れてもらえませんでした。

結果、何が起こったか。その朗読劇って公演する学校から5人だけ生徒が女優さんたちと一緒に舞台に上がって10分ぐらい朗読するんです。さらにその中からその子たちを含めた50人ぐらいの交流会をやるんですけど、その朗読劇に参加した女の子が「わたしは広島に生まれてよかったと思います。広島に生まれたから平和教育もあるし、こういう貴重な体験もさせてもらえます。ただ、世の中には平和の大切さについて十分にわかっていらっしゃらない方もまだ多くいらっしゃると思うので、わたしたちがちゃんと伝えていかなければいけないと思います」と言うんですよ。もちろんそれはステレオタイプの意見かもしれないけど、その子の言葉が、女優さんが原爆を語り継ぐということと非常にシンクロした部分ではあったんです。

だから残したかったんですけど、どうしても駄目で、最後は美佐子さんに呼びだされて、「井上さん、わたしもこういう忖度とかで表現が殺されるのは気持ち悪いけど、このままいくと今年、広島で5公演が決まっているけど、全部、中止せざるを得なくなる。そうするとわれわれはこのまま赤字で終わらなくてはいけなくなる。それだけはほかの女優さんたちに申し訳なくて」と言われて、仕方なく切ったというのが表のストーリーです。だけど、今回はじめて正直に言いますが、このまま美佐子さんがこの映画の宣伝にかかわらなくなったら、その打撃の方が大きいんじゃないかという計算が僕のなかで働いて、結局カットしました。白石さんには、そこが好きで非常によかったと言ってもらったシーンだったんです。

PANTAが「切ったほうが強くなるよ」と言ってくれた

森　でも井上さん、さっきも言ったけど、僕はそれであのシーンはより異様な緊迫度が増したなと思いました。もちろんカットする前のシーンを観ていないんだけど。白石さんは中学生たちが質問するシーンも観ているのですか。

白石　気持ちがストレートに出ていて、井上さんがやろうとしているテーマがまっすぐということもあるんですけど、それとすごくシンクロしていたんです。これを言いたいんだということを代弁しているという感はすごくあったんですね。

森　中学生の顔はなくなったけれど、あのシーンを観ながら、つまり女優さんたちの答えを聞きながら、欠落したものを想像するじゃないですか。ドラマもドキュメンタリーも同じだけど、特にドキュメンタリーの場合は現実を撮っているという前提のもとに作品を観るから、欠落に対して想像力が喚起される。

そもそも現実ぜんぶは当然ながら撮れないし、どこを観る人に想起してもらうのか、させるのかというところでいろんな技があるわけでしょ。それは力技もあるけど、けっこう裏技もあるし、そういう意味ではあそこのシーンは、いるはずなのに映らない中学生たちがどんな顔をして質問しているのかなとか、涙ぐんで答えを聞いているんじゃないかなとか、そこまで想像して観れるからすごく面白くて。

19世紀にミロス島で発見された「ミロのヴィーナス」の両腕がもしも欠損していなかったら、歴史的な価値はともかくとしても、芸術としての価値はずいぶん変わっているだろうと思うんです。逆に言えば、両腕がないからこそ「ミロのヴィーナス」は、芸術として大きな価値を持った。だからドキュメンタリーはドラマに比べれば、明らかに現実に支配される領域が大きい、これを言い換えれば、意図しない偶然がとても頻繁に起きる。だからあのシーンは、結果としてとっても好きなシーンなんですけどね。……こうやってぼくらが喋ったあとに、荒井さんが何を言うか怖いけど。

荒井　森さんにそう言われると、俺は両方を観ているけど、今日、観たバージョンの方がスッキリしているよね。

白石　スッキリしているという言い方もなんだかなあ（笑）。

井上　なんか感じ悪いなあ（笑）。いや、だけどそうは言いながらもなかなか切れなくて、最終的な判断は音楽をやってもらったPANTAさんが試写に来て、カット前のバージョンを観て、実はこういう問題が起こっているんですって言った時に、迷わず「いや、井上君、そっちのほうが強くなるよ」と言ってくれたんですよ。

森　このバージョンのほうが？

井上　はい、切ったほうが強くなると言ってくれて。それで決断できたというのはやっぱりあるんです。

荒井　それと平和教育を受けている広島の子たちってステレオタイプだなって思うよ。2、3日前かな、テレビを見ていたら広島と長崎の子がハワイの高校生とリモートで原爆について喋っているんだけど、ハワイの高校生にパール・ハーバーをどう思うかって突っ込まれて、広島、長崎の子たちが知らなかった。平和教育って、何なんだろうなと思うよ。それは当然、ハワイの子たちは突っ込むよね。パール・ハーバーがあったんだよって、それで日本とアメリカの戦争が始まったんだよって。それを知らないで原爆、原爆って言っているのはね。ちょっと衝撃的だったね。だからそんな子たちはカットしてもオーケーだと今日思ったわけですよ。

白石　そんな子たちは、っていうことはないですよ。

「子供たちが死ぬとき一番多かった言葉は何だったと思いますか」

森　PANTAさんに前に聞いたんだけど、彼の初期の作品は、ほとんどが放送禁止歌や発売禁止になっているわけでしょ。で、彼なりのテクニックがあって、レコ倫の事前審査に出すときに、いくらなんでもこれはだめだろうと自分でも思うような詞を提出する。そうするとレコ倫からは、予想どおりにこれは駄目ですと返事が来る。そこで最初に書きたかった詞に修正して、ここまで譲歩しましたみたいな振りをする。すると向こうも、まあそこまで譲歩してくれるなら、とOKの判断をする。PANTAさんならではの発想だよね。ところで白石さんのこの作品についての感想をまだ聞いてないけど。

白石　やっぱり井上さんて真面目なんですよね。松元ヒロさんの「憲法くん」もコメディスタートなんですけど、映画のほうは全体的に笑えるシーンはほぼない。井上さんは書く脚本も基本、そういう傾向があるんですけど、さっきから僕も冒頭の井上さんの作品を作っていく経緯を聞いていて、いろいろこれ駄目なんだって右往左往している感じは滑稽じゃないですか。そういう部分がちょっとでも出れば面白かったんじゃないかと思うんですね。

それは森監督の映画を観ていても登場人物たちはすごい滑稽で可愛げがあって、いかにも人間らしくてというのが垣間見えるのが面白いところですよね。だからそういう部分が出るといいなと思いながらも、僕が井上さんのすごく好きな特性というのが実はあって、それはさっき森さんが言った『アジアの純真』とか『あいときぼうのまち』（13年、菅乃廣監督）も両方、井上脚本作品ですけど、すごい真面目なことをやっている。そして青春描写の描き方が非常にベタなんですけど、監督が違っても変わらぬみずみずしさがあるんですよ。

それが僕が『止められるか、俺たちを』（18年）のホンを井上さんにお願いした大きな理由の一つなんですけど。その文脈で見ていくと『誰がために憲法はある』で中学生が出てくると、ドキュメンタリーとはいえ僕は同じみずみずしさを感じたんですね。それがやっぱりよくて、そこが切られたのが、結果としてスッキリしたとかそういう部分もあるかもしれないですけど、井上さんの大きなストロング・ポイントがなくなったなという淋しさはあったんですね。でもやっぱり憲法を映画にしようという発想が真面目なんで、それを真面目に届けたいということなんだけど、それをもう少し面白おかしく、何かを茶化しながらやるぐらいのスタンスで作ったら、当初言っていた広がりとか観てくれる層が違ったのかなと、ちょっと思いましたけどね。

森　話が少し広がりすぎるかもしれないですけど、僕もかつて憲法をテレビでやろうと思った時期があったんです。もう十何年前ですけど、「NONFIX」というフジテレビの深夜のドキュメンタリー枠で、始まってから30年とかの記念だったと記憶しているけれど、かつてこの番組に作品を提供していた作り手たちに集まってもらって一つのテーマでできませんか、という話をフジテレビから提案されて。是枝裕和さんやテレコムスタッフの長嶋甲兵さん、ドキュメンタリージャパンの長谷川三郎さんやSlowhandの中村裕さんなどと一緒に何度かブレインストーミングしたんです。

長嶋甲兵と僕の記憶が微妙に違うのだけど、僕はそのころに天皇をテーマにしたドキュメンタリーを考えていました。でも局にそんな企画をプレゼンしても通るはずがない。ならば憲法を包装紙にすればいいと考えて、統一テーマとして憲法どうですかって提案してみんなが乗ったんです。ちょうど安倍の第一次政権の頃で憲法改正がホット・イシューになりかけていた時期でした。それぞれが選んだ憲法の条文をテーマにドキュメンタリーを作るという試みで、ドキュメンタリージャパンは24条の男女平等、テレコムスタッフは96条の憲法改正、是枝さんは9条で、フジテレビ報道は21条の表現の自由、Slowhandは25条の生存権、そして森は1条と決まって、それぞれ手分けして撮り始めました。

最終的に僕のパートだけは、つまり憲法1条はフジテレビから撮影中止を言い渡されて陽の目を見なかったんですけど、やっぱりその時にも憲法を何らかの意味で形にしたいと思ったし、9条が一番本丸ではあるけれど、9条だけではなく、さっき井上さんがちらっと言ったように、では1条をどうとらえるかということがあって。僕は護憲派ではありません。前文も大好きだけど、文章がちょっと変だよね。でも変でも意味が伝わればいいじゃんと思っているけど、そこも含めて、いくつかの条項の中にはたしかに時代に合わなくなってるかなというのもあるから、それは修正してもいいんじゃないかなと思う。ただ今の状況で9条だけは絶対変えちゃいけない、触るなと今の安倍政権には言いたい。9条をもし変えるにしてもそれはもっと違うタイミングで熟した時にやるべきで、憲法の意味もよくわかっていない今の自民党には絶対触ってほしくないし、そこはまったく一致している。

そこで井上さんに質問だけど、渡辺美佐子さんが原爆パートのところで「子供たちが死ぬときに一番何を言ったか、一番多かった言葉は何だったと思いますか」と聞かれて、井上さん、あそこで答えてないよね。

井上　答えませんでした。あれを撮りながら僕に聞いてないなという感じがあったんですよ。美佐子さんは明らかにカメラに向かってお客さんに聞いているから、僕が答えちゃいけないんだと思って答えなかったんです。

森　目線はカメラだっけ。

井上　美佐子さん、途中から完全にカメラ目線になっているんです。

森　井上さんはカメラの横にいるけど、カメラのほうに目線が行っている。なるほどね。了解。わかりました。

井上　だから僕も一瞬、答えるところかなと迷いはしました。でも自分の作品のこととなると話をするのはむずかしいですね。

次は加害をテーマにやりましょう

森　じゃあ加害の話をする？　それは井上さんもこの作品の加害性については考察が欠けていると語っているのはその通りだし、ただ、映画の中に全部入れ込むというのは無理だしね。これはこれで追求していると思うけど、じゃあ、次の段階ですよ。次は加害をテーマにやりましょうということですよ。

井上　まったくそう思っています。ただ、ちょっと反省は、あの女優さんのインタビューの中で僕がひと言、「じゃあ皆さん被害を語られていますけど、加害についてはどうお考えになるんですか」って聞けばよかったんですよね。これは遠慮なんてしたつもりはなかったんですけど、やっぱり信頼関係を築けなかったんで、思いつかなかったんですよ。編集をやっている時に「ああ、それ聞けばよかった、馬鹿だなあ」と思ったのと、もう一つ、美佐子さんの単独インタビューは原爆ドームの前で撮ろうと思ったんだけど、広島が西日本豪雨の時で、撮れなかったんで、あれは「東京大空襲・戦災資料センター」に行って撮っているんです。ただ、その時にわざわざ江東区の下町まで行かなくても、早稲田の「女たちの戦争と平和資料館」に行って、慰安婦の方たちの写真の前で知らん顔してインタビューすればよかったなと、ぜんぶ後の祭りですけど思いました。わかる人だけにわかるようなやり方だってあったなと。

音楽だってぼくは頭脳警察の「さようなら世界夫人よ」をインストゥルメンタルでと言ったけど、「井上君、それだけじゃあ足りないから『鳥の歌』をやろうよ」と言ってくれたのもPANTAさんだし、ほんとうにみんなに助けられながらやってるんですけど、やっぱり気づかないところは気づかないんですね。大橋芳枝さんが唯一、「あんまり被害のことだけ言いたくないのよ。どっちが始めた戦争よ」っていうあの一言が自発的に出ているだけなんで。荒井さん、今日の信濃毎日新聞でも『この世界の片隅に』（16年、片渕須直監督）について書いてるじゃないですか。日常を描いていてよかったと評価されているけど、日中戦争で南京が陥落した時に、あのすずちゃんは提灯行列で万歳、万歳と言って歩いただろう。日常と戦争はつながっているのに、と大否定じゃないですか。

荒井　全否定というか、大ヒットし、あの映画をいい映画だと観に行ってる人も含めて否定しているんだよ。客が悪いんだよ。同じなんだよ。戦争中の国民と。自分たちに戦争責任はないと思っている。

井上　だけど今、森さんが奇しくも言ったように、映画って全部を観せることはできないわけじゃないですか。たとえば荒井さん、『この世界の片隅に』がヒットしなかったら、ここまでの批判は言わなかったでしょ。

荒井　うん。ターゲットにはならないでしょ。

白石　ヒットしなければ、喧嘩する相手にはならないですよね（笑）。

森　加害性の問題というのは今もいろんな部分に現れているけど、たとえば僕は大学でも教えていますけど、ゼミで僕は毎年、死刑問題をやっているんです。で、学生に死刑制度についてどう思うって聞くと、3分の2ぐらいが賛成なんですけど、賛成の理由を聞くと、けっこう何人かが自分は絶対に加害者にならないけど、被害者にはなるかもしれないと答えます。

荒井　ああ。

薄皮一枚へだてて暴力に満ち溢れている世界

森　これは実際の死刑囚も同じです。自分が加害者になるとは思っていなかったと言いますよ。そういう人が死刑囚になっているわけで、だから人間なんていつ自分が加害者になるかわからないですよ。だって被害者が10人いるということは理論的には加害者も10人いるわけでね。でも加害者に対しての想像力を僕らは無意識に止めてしまう。自分とは違う人なんだと思いたいから。でも違わないんです。つながっているんです。その一番ポピュラーな例が戦争だったり虐殺だったりね。

それは僕らと同じ人たちが子供を銃剣で突き刺したり、レイプしたり火をつけたりするわけですよ。でもそれは、彼らが残虐で冷酷だからではなく、何かが止まったのか、もしくはスイッチが入っちゃったかどっちかはわからないけど、ある環境設定で人は残虐になるんです。それは今の僕にもあるスイッチである、という意識を持つことが大切なんだけど、なかなかそれは持てない。

だから今、死刑を例にあげましたけど、やっぱりそれだけじゃないんじゃないかな。いろんな部分で社会に現れている。もっともっとみんなが自分たちの加害者性というものを意識すれば、後ろめたさをもつから世の中だいぶ変わるんじゃないかと思うんだけど、後ろめたさっていうのは持っていて厄介な、いわゆるギルティの部分ですからね。だからみんなそういうのを持ちたくないと思って、なるべく身軽になりたいっていう感じがする。

そのあたりを映画で追求してみたいと思っています。

井上　そういう意味では、白石さんの映画はこの平穏に見える世の中でも薄皮一枚へだてて暴力に満ち溢れているっていうのをどっかで書いたことがあるんだけど、わりとそういうことを自覚的にやっているんじゃないですか。

白石　そうですね。うっかり加害者になってしまった。法から外れてしまった人たちをやっぱり描きたいとは常に思っているんで、でも、今、森さんが言ったことはほんとうにそうだなと思って、自分が被害者になることは想像できても、加害者になることはなかなか想像しづらいと思うんですよ。それはここ何年かの日本映画だったり、テレビドラマだったりいろんなメディアでやりきれてないことだとは思うんで。それが今の僕らがやっている映像世界に、ほんとうに足りないことだと思っていますね。

荒井　森さんが死刑の話をしたけど、死刑っていうのは国家による殺人じゃない。殺人なんだよ、あれは。国家による殺人という意味では戦争と同じなんだよ。だからそれを被害者感情だとか、海外では死刑がなくなっている国が多いのに、日本は残っているよね。アンケートを取ると60パーセントぐらいが死刑制度賛成というらしいけど。

森　内閣府のアンケートでは85パーセント以上が死刑賛成です。

荒井　あれは殺人だっていうふうに思わないのかね。

森　うーん、人を殺した奴らだから、ということなのかな。

荒井　人を殺した奴だから殺すという、それは原始的だよね。

「反日は最低限のたしなみだと思ってた」

森　その矛盾が最も強く現れたのが相模原障害者施設殺傷事件です。犯人の植松聖は意思疎通ができない重度障害者には生きる価値がないといって19人も殺したわけですよね。それに対して僕らはふざけんな、冗談じゃないと。彼らに生きる価値がないなんて誰が決めるんだ、生きる価値がないのはおまえだ、ということで、国民合意のうえで死刑にする。人を殺すといういけないことをやったから、その人を殺す。この同義反復的な矛盾に、なぜもっと自覚的にならないのかなと思います。

荒井　森さんは、『絞死刑』（68年、大島渚監督）みたいな映画を、もう1回、撮ればいい。あれはまっとうにそれをやっていたよね。

森　ブラックなコメディに仕上げているけれど、後半は本当にストレートですね。足立正生さんは職員役で出演していたけれど、『絞死刑』には荒井さんはかかわっていないのですか？

荒井　学生でした。

森　国家権力を体現する検事役の小松方正さんが日の丸の前で仁王立ちするカットは、死刑制度の本質をとても端的に表現していました。

荒井　戸田重昌の美術がすごかったね。

森　今日は井上淳一論をしようと思っていたんで、もう1回、言いますけど『アジアの純真』はすごい。皆さん、観てください。これは公開当時、ネットでは反日映画って叩かれたんでしょ。僕、今回、『ニューズウィーク日本版』に原稿を書いて、最後に「反日映画で何が悪い」って書きました。だって当たり前じゃない。映画なんだもの。

井上　昔、荒井さんと書いた映画で、スポンサーが、荒井さんがそんなに反日だって知らなかったって言った時に、荒井さんが言ったセリフは「反日は最低限のたしなみだと思ってた」って。

白石　あはははは（笑）。

井上　だから僕もそう思って。ちなみに今度、その『アジアの純真』を高田世界館でやるんですけど、そのトークゲストが蓮池透さんなんですよ。映画を観てない人は完全に置いてきぼりになっていますけど、これ、言ってしまえば蓮池透さんに毒ガスを投げる映画なんですよね（笑）。

森　いいんじゃないですか。それも含めて彼は笑いながら観てくれると思います。

井上　なかなかシュールなんです。

白石　でもちょっと森さんの琴線に触れる、ツボだっていうのが、もう、それだけで飲めそうですよ（笑）。

井上　リモートが残念なのは、この後で、みんなで一杯飲めないことですね（笑）。

守ってもいない憲法を改正するなんて言語道断

荒井　でも『アジアの純真』はやりすぎだと思うよ、俺は。

森　終盤の展開は、僕だったら確かにあっちにはいかない。もっと地味に行きます。でもあれはあれでありじゃないかと思った。あの展開は。

荒井　あれは若松孝二の悪い血が流れているね。あそこに。

白石　悪い血まで真似る必要はないと思ったけど（笑）。

井上　悪いところだけ似るもんなんですよ。白石は似てないか。だから、この差か（笑）。

森　後半のパレスチナや核兵器は強引すぎると思った。あと『アジアの純真』に関しては、やっぱりヒロインの韓（英恵）さんがいい。彼女はすばらしいです。

井上　最後にそれぞれの憲法についてのご意見を伺います。僕も森さんとまったく同じで改憲する必要がもしあるにしろ、絶対、今の安倍政権だけはやっちゃいけないというその思いだけなんですけど。白石さんはどうですか。

白石　今も安倍政権は国会を開かないとか憲法違反をしているけど、それを裁く法律がないじゃないですか。それをいいことに憲法を改正するとか言いながらも自分が守っていない。守ってもいない憲法を改正するなんて言語道断なんで、この政権だけには変えさせちゃいけないですよ。

井上　荒井さんはどうですか。

荒井　９条は１条とセットで、できた。天皇制を残してあげるけど、軍隊は持たせないよと。そうやってできた９条だけを守ろうというのは弱いような気がするんだけど。攻撃は最大の防御なりというけど、なんか攻撃の手がないのかと思うんだけどね。だったらさっき森さんがちょっと言っていたけど、改憲というふうに言うと戦えないだろうな、大衆はついてこないよ。だからしょうがないから9条を守ろうだね。9条を変えるなら、1条も変えろよと改憲勢力に言いたいんだけど。

森　そうですね、これは下手に攻撃したら。

井上　相手の土俵に乗っちゃうことになるんで。これも各地で同性婚裁判を取材している新聞記者に聞いたことがあるんですけど、やっぱり同性婚裁判を絶対に違憲だというように、憲法問題に触れないようにやっているんですね。憲法に触れて、じゃあ同性愛者のために、マイノリティのために憲法を変えようみたいなふうなことから改憲をアレンジされたくないと。だから皆さん、そういうことにはすごく神経を使っているなと思います。

2020年8月14日、御成座（秋田県大館市）にて

第5章　デニス・ホッパーとアメリカン・ニューシネマ、または自由の行方について

主人公が唐突に死ぬ衝撃

井上　今、松本中央公民館にいる皆さんは『デニス・ホッパー アメリカン・ドリーマー』（71年、ローレンス・シラー／L・M・キット・カーソン監督）を観終わって、これから『デニス・ホッパー／狂気の旅路』（07年、ニック・エベリング監督）を観る人だと思いますが、僕らは『狂気の旅路』とデニス・ホッパーが監督した『ラストムービー』（71年）も含めて話ができればと思います。荒井さんは当然、リアルタイムで『イージー・ライダー』（69年）と出会っているわけですよね。

荒井　リアルタイムっていうか、日本公開は1970年1月だけど、観たのは封切じゃなくて、ちょっと遅れているかもしれないけど。

井上　映画史の本ではアメリカン・ニューシネマの第一作は『俺たちに明日はない』（67年、

アーサー・ペン監督、68年日本公開）ですけど、この認識は間違いないんですか。

荒井　そうね、『俺たちに明日はない』が出てポーリン・ケイル（アメリカを代表する映画批評家で『ザ・ニューヨーカー』で健筆をふるい、その容赦ない辛辣な映画評は同時代の映画監督にも深い影響を与えた）が褒めたんで、批評家もその流れになって、同じ頃『TIME』でこの映画の特集が組まれ「ニューシネマ　暴力…セックス…芸術！　自由に目覚めたハリウッド映画」という見出しだったみたい。それが日本で「アメリカン・ニューシネマ」と紹介された。『俺たちに明日はない』、『卒業』（67年、マイク・ニコルズ監督。68年日本公開）、『真夜中のカーボーイ』（69年、ジョン・シュレシンジャー監督）が『イージー・ライダー』の前にある。『イージー・ライダー』ってやっぱり音楽だな。既成のロックの曲を映画音楽としてただ使う、そっちのほうが新しいなと思った。映画自体は別にストーリーはないし、そんなにちゃんとしたものじゃない。最後、主人公のふたりが撃たれるっていうだけで、マリファナによる幻覚というか、幻想シーンはこういうふうにしか撮れないのかと思った。クスリや大麻でハイになってる時のシーンってやっぱり誰がやってもチャチになるよね。

井上　じゃあ荒井さんの中では、リアルタイムで観ていたニューシネマのなかではそんな大したものでもなかったんですか？

荒井　前評判とか高かったからガッカリした覚えがある。だから音楽だよ。サントラがよかった。

井上　森さんは、先日の『仁義なき戦い』のトークの中で、当時、学生時代に観ていたのは藤田敏八や神代辰巳やニューシネマだっておっしゃっていたけど、少し遅れて名画座で観ていたんですよね。デニス・ホッパーってどうだったんですか。

森　自分の意志でお金を払って初めて観に行った映画は、怪獣映画やアニメや『燃えよドラゴン』は別にして、『イージー・ライダー』と『いちご白書』（70年、スチュアート・ハグマン監督）の2本立てで、無茶苦茶、衝撃を受けました。高校受験が終わった春。それまではアニメとか怪獣映画しか観てない子供がいきなり『いちご白書』と『イージー・ライダー』を観たら、それは腰が抜けるのが当たり前で、その時、もしトリュフォーとかゴダールを観ていたらヌーヴェル・ヴァーグに夢中になっていたかもしれない。だから、『イージー・ライダー』が映画としてどうかっていうと、僕も荒井さんに近いけど、少なくともウェルメイドな映画ではないと思う。でもあんなカットバックは初めて観たし、あとはやはりラストのいきなりの衝撃ですよね。それまで映画っていうのは起承転結であったり勧善懲悪だったりが当たり前で――怪獣映画なんてまさにそうですけど――、それがいきなり唐突に終わっちゃう。ただその後に沢山映画を観るようになって、主人公が唐突に死ぬのは『イージー・ライダー』だけじゃないと気づく。特にニューシネマはそのパターンが多い。むしろその意味では『真夜中のカーボーイ』のマイアミ行きのバスの中で、ダスティン・ホフマンがおしっこを漏らしながら死んでいくラストのほうがはるかに深い衝撃がありました。だから今にして思えばだけど、『イージー・ライダー』は決して傑作ではないし、デニス・ホッパーについても、さほど思い入れはなかったです。

ドラッグ・カルチャーのど真ん中で芸術とは何かを考えている

井上　僕と白石さんはまったく後追いになるんですけど、白石さんとニューシネマとの出会いは、いくつぐらいですか。

白石　ぼくも20歳を過ぎて東京へ出てきて、いろんな人の話を聞きながらニューシネマを追いかけて行ったんですけど、『トゥルー・ロマンス』（93年、トニー・スコット監督）とか90

年代の映画を観て、ああ、これがデニス・ホッパーなんだっていう感じでしたね。アメリカン・ニューシネマに関しては、今、森さんや荒井さんが言ったようにほかに優れた映画があるじゃないですか。『イージー・ライダー』は観たけれど、映画としてはちゃんとしていないんで、こんなにラストが唐突なんだ、これで大ヒットしたんだっていう謎に包まれていたんですけど。ただ、今回『アメリカン・ドリーマー』と『デニス・ホッパー／狂気の旅路』、それに『ラストムービー』を観たりして、この1週間、デニス・ホッパーの旅をしていたんですけど、それを合わせて観ると『イージー・ライダー』って超サイコーっていう気はしましたね（笑）。

井上　それはどういうことなの？

白石　デニス・ホッパーはドラッグ・カルチャーのど真ん中にいながら芸術とは何かみたいなことを考えていて、僕らの青春時代にはそういうことはまったくなかったんで、ちょっと憧れもありながら狂気の天才の姿をデニス・ホッパーのなかに見ていたんですね。だから『止められるか、俺たちを』（18年）を作っていた時にもどっかでそういうことを意識しながら、ああ、こういうことだったのっていう腑に落ちた感があったんですよ。

井上　ニューシネマを観ていた頃に若松（孝二）さんの映画も観ていたわけじゃない。なんだ、同じことをやっているじゃんと思わなかった？

白石　それは思いましたし、日本映画のほうを先に観始めていたんで、アメリカン・ニューシネマ自体にはそんなに衝撃は受けなかったですね。

森　井上さん、『ラストムービー』は観ました？　予告編を観たら、無茶苦茶、面白そうですね。

井上　昨日、観ました。

白石　無茶苦茶で、僕はすごく心地いい映画でしたね。

井上　荒井さんは『ラストムービー』は観てます？

荒井　何が何だかわからない。プレスにシナリオライターが絶望したって書いてあるけど、やっぱりホンをいじったり、編集で滅茶苦茶やっちゃだめだと思うよ。デニス・ホッパーはクスリがいけない、クスリが。

『アメリカン・ドリーマー』が作られたのは1971年でしょ。こっちはその頃、何をやっていたかって言ったら赤バスだよ、デニス・ホッパー、何やってんだよみたいなさ。ニューシネマって1967年じゃない。日本なら羽田闘争から始まって、68年は10・21の新宿騒乱。69年が安田講堂陥落の年だよ。あっちはアポロの月面着陸とウッドストック・フェスティバル。『イージー・ライダー』と『ウッドストック／愛と平和と音楽の三日間』（70年、マイケル・ウォドレー監督）が日本で公開されたのも70年だし。これからどうしようかという気分だったから、あんまりね。

井上　ああ、なるほど。

デニス・ホッパーは日本じゃカツシンに似てる

荒井　だからさっき森さんが『いちご白書』って言っていたけど、ラストはジョン・レノンの歌（「平和を我等に」）だよね。Give Peace A Chance、平和にもチャンスをって。アメリカってこんなにやわいのか、こんなんじゃ世の中変わんないよって思っていたもの。

井上　だけど変わんないって言いながら、荒井さんだって自分の原点はアメリカン・ニューシネマだって言ったりするじゃないですか。ちなみに荒井さんにとってのニューシネマは何なんですか。

荒井　たとえば『卒業』がいいなと思うのは、やっぱりサイモン&ガーファンクルの音楽を使っているからだよ。ダスティン・ホフマンがアン・バンクロフトにセックスだけじゃなくて文学や芸術の話をしようというところがよかった。言ってみたいなと。あと70年代に入ってから映画を意識的に観始めた頃に、ロバート・アルトマンに影響された感じはある。デニス・ホッパーは『アメリカの友人』（77年、ヴィム・ヴェンダース監督）とか『ブルーベルベット』（86年、デヴィッド・リンチ監督）とか役者として面白いなと思ったけど、ニューシネマの頃は監督としてはあんまり意識してなかった。でも監督した『ホット・スポット』（91年）は観てすげえな、大傑作だと思った。あとジュディ・フォスター主演で『ハートに火をつけて』（89年）を撮ったんだけど編集権がなかったんで、アラン・スミシー名義になっている。オリジナルバージョンの『バックトラック』（89年）は面白かったけどね。

井上　ぼくはそのアラン・スミシー名義の『ハートに火をつけて』しか観てない。

荒井　だから、こんなメチャクチャなドキュメンタリーを観せるんじゃなくて、そういうデニス・ホッパーの監督した2本立てをやればいいのになと思うけどね。

白石　だからいいんじゃないですか。メチャクチャで（笑）。

井上　ぼくが『イージー・ライダー』を観たのが浪人生だったんですよ。リバイバルでやっていて観なきゃいけないなと思って観に行って、あ、こういうものかって（笑）。

荒井　だからデニス・ホッパーは日本じゃカツシン（勝新太郎）に似てるよね。

井上　なるほど、クスリやってて。

白石　ショーケンなのかなと思ったらカツシンですか（笑）。

井上　カツシンも大映という伝統ある撮影所システムの映画会社で育っていて、なのに監督すると非常にヌーヴェル・ヴァーグ的なものを撮ると。

荒井　そうそう。カツシンだと思うよ。

井上　映画史的に言うとヌーヴェル・ヴァーグが先にあって、それがアメリカに時代とともに押し寄せて行ってニューシネマになるわけですよね。

新しいことをやろうとした奴が負けていく

荒井　だから『俺たちに明日はない』のシナリオを書いたロバート・ベントンは『エスクァイア』の編集部にいて、まだ脚本家じゃなかったのに、同じ編集部にいたデヴィッド・

ニューマンとシナリオを書いて最初、トリュフォーに送ったんだ。当然だよ、ヌーヴェル・ヴァーグを観ているから。ところがトリュフォーは『華氏451』(66年)の企画が実現することになったんで、その脚本をレスリー・キャロンを通して恋人だったウォーレン・ベイティに見せると、ウォーレン・ベイティは気に入って、そのシナリオを買って『俺たちに明日はない』ができたんだから、やはりヌーヴェル・ヴァーグの影響を受けてんじゃないかね。

井上　時間軸で言うと、先に『勝手にしやがれ』(59年、ジャン＝リュック・ゴダール監督)や『気狂いピエロ』(65年、同)があって、『俺たちに明日はない』が来るわけだから、リアルタイムで観ているると映画文法的にはそんなに衝撃はなかったんですか。

荒井　映画文法的にはゴダールよりフツーだよ。うーん、ニューシネマっていうのは乱暴な言い方をすると、ブスとブ男が主演をやるようになったんだなと。『卒業』のダスティン・ホフマンもチビじゃない。『俺たちに明日はない』のフェイ・ダナウェイはあんまり美人とは言えないしさ。そういう意味では等身大の映画ができてきたなっていう感じがしたけどね。それとハッピーエンドじゃない。『俺たちに明日はない』からニューシネマは破滅の青春をずっとやっている気がしたなあ。

井上　68年は変革の年と言われているにもかかわらず、その前年に作られた『俺たちに明日はない』からニューシネマって、新しいことをやろうとした奴が負けていくじゃないですか。希望がことごとく潰えていく。その時代、それは何でなんですかね。

荒井　ニューシネマは当時、感情移入して観ていた映画と同じように最後は負ける。自分たちが67年の羽田、68年の新宿、69年の全国学園闘争でバリケードで闘っても必ず負けるわけだよ。だから負けが前提というか死ぬか捕まるかのやくざ映画とニューシネマの終わり方っていうのは、同じじゃないかっていう気がして観てたと思うけどね。『ワイルドバンチ』（69年、サム・ペキンパー監督）を観た時には、アメリカにもやくざ映画があるんだと思ったもの。

井上　当時の森青年は『イージー・ライダー』は、負けの終わり方みたいな問題意識を抜きに、映画として観た衝撃だったんですか。

森　だって15歳だよ。しかも怪獣映画とかアニメしか観ていないから、正義は必ず勝つことが前提。負けて終わるなんてありえない。それが根底から覆された感じがして衝撃だったけど、この2本を観た1年後ぐらいに『ソルジャーブルー』（70年、ラルフ・ネルソン監督）を名画座で観たんです。それまでの西部劇はジョン・フォードとジョン・ウェインがシンボリックに示すように、正義の騎兵隊がいて悪いインディアン、ネイティブ・アメリカンを懲らしめるという話が常道だった。でも『ソルジャーブルー』は視点を変える。インディアンの側から白人を見れば、とんでもない殺戮集団になるわけです。あれも衝撃だった。『イージー・ライダー』では構成というかストーリーのありかたに衝撃を受けたけれど、『ソルジャーブルー』は視点を変えると世界はこんなに変わるということを実感した。もちろん勧善懲悪などの要素は欠けらもない。シャイアン族は女子供も含めて虐殺されます。史実らしいけれど。

荒井さんに言われてあらためて考えれば、『イージー・ライダー』も『いちご白書』も最後は、美学かどうかはともかく、負けで終わる。『ソルジャーブルー』がソンミ村虐殺をモティーフにしているという話は有名だけど、やっぱりベトナム戦争の影響は大きいですね。同じ時代に日本では、橋本治さんの駒場祭のポスター「とめてくれるなおっかさん」が示すように、昭和残侠伝シリーズに全共闘の学生たちが熱狂していた。負けの美学、という意味では共通しているのかな。『俺たちに明日はない』も普通だったら、ボニー&クライドの2人組を追っかける捜査側を主人公にするんだろうけど、そうじゃなくて悪い2人組側を視点にしてアメリカを見る。あるいは社会を見るというのは、その頃、どこまで自覚的だったかわからないけど、けっこう今に至るまで自分の中でくすぶっているような気がしますね。

美しく端正な男優と女優が見事に消えた

荒井 『ザ・テキサス・レンジャーズ』(19年、ジョン・リー・ハンコック監督)というnetflix映画がある。ケビン・コスナーとウディ・ハレルソンがボニーとクライドを追いつめるテキサス・レンジャー。ボニーとクライドはただの犯罪者カップル。50年という時間で逆になる。感慨深い。

井上 白石さんはニューシネマは、わりあい観た方なんですか。

白石 たとえば、だいぶ後ですけどマーティン・スコセッシの『タクシードライバー』(76年)とかも多分ニューシネマに入るんですよね。

井上　ウィキペディアではニューシネマの最後の代表的な作品として『タクシードライバー』を挙げてますね。

白石　それでいうと『ダーティハリー』（71年、ドン・シーゲル監督）もですけど、けっこう観ていましたよ。むしろ僕自身が撮っている映画も負け戦《いくさ》の映画、主人公が破滅することが多いんで、俺ってどういう映画を目指せばいいのかなと思っていた時にアメリカン・ニューシネマを観て、ああこれかっていうことはどっかで反芻したりしますね。

井上　今、荒井さんが出した本［別冊太陽『アメリカン・ニューシネマ'60〜'70』（平凡社、構成＝川本三郎、小藤田千栄子）］は『地獄の黙示録』（79年、フランシス・フォード・コッポラ監督）まで入っているやつですよね。

荒井　入ってないよ。これは『俺たちに明日はない』から始まって『グリニッチ・ビレッジの青春』（76年、ポール・マザースキー監督）で終わっている。これはアメリカン・ニューシネマに関するいいガイドブックですよ。

井上　『グリニッチ・ビレッジの青春』って何年でしたっけ。

荒井　俺が『新宿乱れ街　いくまで待って』で脚本家デビューする前の年で参考にしたか

ら76年です。その前が『タクシードライバー』、『大統領の陰謀』(76年、アラン・J・パクラ監督)、『イナゴの日』(76年、ジョン・シュレシンジャー監督)が並んでいる。

森　その本はアメリカン・ニューシネマの時期に作られたアメリカ映画っていう括り方じゃなくて？

荒井　いや、たぶんそうですよ。

森　内容的に『大統領の陰謀』がニューシネマだなんて、ちょっと違うような気がする。

荒井　だって『2001年宇宙の旅』(68年、スタンリー・キューブリック監督)も入っているもの。でもさっき森さんが言ってたけど『ソルジャーブルー』は西部劇にとどめを刺したね。『ソルジャーブルー』自体は面白いとは決していえないけど、ただただインディアン側から白人=悪い人っていう映画だからさ。それから西部劇は作られなくなっちゃった。

森　さっき荒井さんが言った、とても美しい端正な男優と女優が見事に消えて、『ソルジャーブルー』もキャンディス・バーゲンでしょ。決して美女じゃないですよ。よくいるヤンキーな女性で、『卒業』のキャサリン・ロスだって決して美人じゃないしね。

荒井　シシー・スペイセクがそうだよ。ああいう人が主演をやるようになったんだよ。

リベラルサイドのアメリカ映画を決定づけた

井上　ああいう人って（笑）。でも森さん、この間、鹿児島のガーデンズシネマで気になる女優という質問で、キャサリン・ロスを挙げていましたけど。それはニューシネマ全般に対して何かあるんですか。

森　あれは、その前に白石さんが芹明香って言ったから、芹明香に対抗できる女優って誰かって考えて花柳幻舟と言おうと思ったけど、それもあまりに近いし、思わず口走ったんですけど（笑）。好きな女優だけど、別に特段思い入れがあるわけではないです。

井上　森さんと初めてお会いした時に「マイ・フェイバリット映画は実は『アバター』（09年、ジェームズ・キャメロン監督）です」と言われたことがあって。その時も言ったんですけど、『アバター』公開の年に荒井さんと東北芸術工科大学にシナリオの集中講義に行ったんですけど、生徒たちに事前に『アバター』を観ておくようにと伝えて、で、最初の授業で『ソルジャーブルー』を観せて、騎兵隊とネイティブ・アメリカン、騎兵隊とナヴィ（『アバター』の原住民）、構造は全く同じでしょというのをやったことがあったんですね。ニューシネマをＳＦに焼き直している。だからこの時代の映画というのは、リベラルサイドのアメリカ映画を決定づけていますよね。ちなみに、今日、観たのはドキュメンタリーにカテゴライズされる２本じゃないですか。ドキュメンタリー作家としてはどう思われたんですか。

森　ドキュメンタリー作家としてとか一観客としてとか関係なく、２作とも決して面白い映画じゃないですね。ドキュメンタリーって監督と被写体との格闘技、つまりどちらがマウントをとるかみたいな闘いとして観ることもできるのだけど、２本とも監督はリングに上がっていないという気がします。デニス・ホッパーやあの時代に興味がある人、『ラストムービー』を観た人だったら、いろいろ面白く観られるのかもしれないけど、そうした部分がないといつの間にか終わっちゃったなという感じだな。今、会場では『アメリカン・ドリーマー』を観終わった後なんですか。

井上　『アメリカン・ドリーマー』を観て、この後、『デニス・ホッパー／狂気の旅路』をこれから観るという感じですね。

森　『アメリカン・ドリーマー』はもっと創意工夫ができた作品なのに、デニス・ホッパーという強烈な個性に引っ張られすぎたのかなという気がしていて、結局、どっちの作品も被写体に従属しちゃっている。もっと作る側がデニス・ホッパーを引きずり回したり、おびき寄せたり背中を押したり騙し討ちにしたり、みたいなことができるのに、……その意味ではどっきりカメラってドキュメンタリーにおいて非常に示唆的な位置にあると思っています、……何だっけ、今日の2作品、デニス・ホッパーに萎縮してドッキリをまったく仕掛けられなかったというか、これはもちろん手法のレベルだけど。

白石　デニス・ホッパーは『イージー・ライダー』で一発当てたわけじゃないですか。それで人生180度どころか、とんでもなく変わったわけですよね。人間、当てた後にはこんなに変わるんだみたいな、その戸惑いはすごいよく伝わってきて。そこに当然、アーティストとしての悩みもありながらというのはすごく面白かったし、金を手にするとああいうことをしちゃうんだなとかいろいろ思いましたけど（笑）。

逆に自由という言葉に縛られているんじゃないか

荒井　だけど一緒に『イージー・ライダー』をやったピーター・フォンダが監督した『さ

すらいのカウボーイ』（71年）という同じぐらいな予算だけど大傑作があるのよ。それと、俺はデニス・ホッパーが8日間だけだけど、あのママス&パパスのミシェル・フィリップスと結婚してたって聞いてびっくりしたけどね。井上、ママス&パパスの「夢のカリフォルニア」って知ってるか？

井上　さすがにそれは知っています。

荒井　『デリンジャー』（73年、ジョン・ミリアス監督）という映画にも女優として出てるんだよね。しかし、デニス・ホッパーってメチャクチャだよなあ。

白石　いやあ荒井さんだってそれに近い状態になったんじゃないですか（笑）。

荒井　何を言ってる（笑）。

井上　だけど、『デニス・ホッパー／狂気の旅路』の中で友人が『ラストムービー』の4時間バージョンを観てすごかったって言ってるじゃないですか。その切る前のバージョンを観たいですね。

荒井　どうせならね。

井上　ただすごいと思うのは、白石さんが言ったように時代の寵児になって、次の作品を撮る時にタイトルを『ラストムービー』にするっていうね。ラストですよ。『イージー・ライダー』でジャック・ニコルソンがデニス・ホッパーに「お前の中にある自由をみんなが嫌がるんだ」っていう台詞があるけど、一貫してこのバイクで走っていることが自由なのかって、あの人たちは思っているふうじゃないですか。

森　井上さんが送ってくれたメールの中にあった「自由に縛られる」というフレーズね。それはなるほどなあと思いました。

井上　『アメリカン・ドリーマー』を観ていて、デニス・ホッパーって、時代の寵児になっちゃって、自由でありたいと思うあまり、逆にその自由という言葉に縛られているんじゃないかって思ったんですよ。この映画の監督のL・M・キット・カーソンはその後『パリ、テキサス』（84年、ヴィム・ヴェンダース監督）の脚本を書くんですが、なんかテーマが似てる気がするんですよ。そのことを撮ろうとしているのかなという気はしましたね。ラストは、「俺って、意外と何でもできる子」みたいなとんでもない台詞で終わるじゃないですか。それって映画としての決め台詞でもなんでもなくて、だからこそ、そういう投げっぱなしな方法でデニス・ホッパーという圧倒的な被写体に抗して、ちょっとでも作り手の爪痕を残そうという感じはすごくしました。『ラストムービー』も自由みたいなことを言っている奴がペルーという第三世界に行った時に自分たちが抑圧者になってしまうという構図を、デニス・ホッパーは自覚的にやっていると思ったんですけど。荒井さんはどうでした？

荒井 いやあ俺はホドロフスキーの編集したのを観たいな。

井上 『ラストムービー』は編集を1年間やってどうにもならなくて、ホドロフスキーが1回、作ったんですよね。それをちょっと観たいですね。

森谷司郎の『放課後』はニューシネマの匂いがした

森 みんなどうやって『ラストムービー』を観たんですか？

井上 DVD出てるんですよ。僕はレンタルで。

森 観れるのか。すっかりオクラに入っている映画で、今回、やっと陽の目を見たのかと思っていたんだけど。

荒井 いやいや、去年、そのドキュメンタリーと一緒に公開したんだよ。

森 そうか、すぐ観ます。なんか面白そうだもの。でも今の話だと評価は微妙だね。

荒井　今、井上が言った図式を頭に入れていくと非常に面白いけど、映画としては決定的に壊れていてよくわかんない。あのバージョンがカンヌやヴェネチアで評価されたの？

白石　そうだと思います。

荒井　へえ、カンヌもヴェネチアも変だね。

井上　審査委員長は反対したって言っていましたね。

荒井　審査委員長はヴィスコンティ？　それはそうだろう。

井上　ちなみに皆さんのアメリカン・ニューシネマのベストワンってなんですか。

荒井　むずかしいこと言うね。

井上　僕は『ミーンストリート』（73年、マーティン・スコセッシ監督）ですね。

森　僕は初回のインパクトも含めて『いちご白書』かな。

白石　僕は『狼たちの午後』（75年、シドニー・ルメット監督）ですね。

荒井　『さすらいのカウボーイ』だね。アルトマンの『ナッシュビル』（75年）もいいけど。

井上　さっき自分のデビュー作『新宿乱れ街　いくまで待って』を書く前に『グリニッチ・ビレッジの青春』を観たと言いましたけど、荒井さんの中でもジャパニーズ・ニューシネマをやってやろうという気はあったんですか。

荒井　当然あったね。等身大のドラマだよ。ドラマチックじゃない、日常的な。

井上　ニューシネマのことをここ数日、考えていたんですけど、『イージー・ライダー』でニューオリンズの街へ行くと16ミリで粒子を粗く撮っているんですけど、たとえば『仁義なき戦い・広島死闘篇』（73年、深作欣二監督）で最後のナイトシーンが16ミリになるみたいなことも含めて、アメリカン・ニューシネマって東映やくざ映画とか東宝で言えば恩地日出夫とかの日本映画にも影響を与えたっていう感じはしましたか。

荒井　いや、どうかな。さすがにお客さんが入ってこなくなっているから『その人は女教師』（70年、出目昌伸監督）とか真似みたいなものはやっていたかな。でもいろんなことをやりだしたけど、スターたちが出る東宝や松竹の青春映画は俺たちとは違うだろうっていう乖離がずっとあって、近いなというのがロマンポルノだったな。ノンスターだし。ただ、森谷司郎の『放課後』（73年）はニューシネマの匂いがした。井上陽水の歌で。高校生の女の子が大人の世界をちょっと知りましたというだけの話なんだけど。『おもいでの夏』（71年、ロバート・マリガン監督）や『去年の夏』（69年、フランク・ペリー監督）のテイストかな。

スピルバーグとジョージ・ルーカスがいけない

井上　森さんはニューシネマに出会ってから映画志向が一気に強まったというのはあったんですか。

森　怪獣映画はあっという間に雲散霧消しちゃって。それはそうだよね。中3だから怪獣映画を観ていたら馬鹿だよね。それからはふつうに名画座に行っていろいろ観始めて、そのころにトリュフォーの『アメリカの夜』（73年）を観て、ああ、映画ってこういうことをやってもいいんだってびっくりして。今でいえばフェイクのメイキングですよね。映画監督の役でトリュフォー自身も出てくるし。ドキュメンタリー的な要素はないとは思うけれど、そんな雰囲気のシーンもあるんですよね。そんな語彙はもっていなかったけれど、虚と実がないまぜのように感じたことは確か。でもこれも映画なんだなって。いま話しながら思い出したけれど、憧れの女優はキャサリン・ロスではなくてジャクリーン・ビセットにします。それからは高校時代の3年間、映画志向が深まっていきましたね。当時の新潟市にはライフという名画座があって、月に2回くらいは通っていたような気がします。名画座だからほぼタイムラグがあるけれど、リアルタイムでは高校3年の時に『ジョーズ』(75年、スティーヴン・スピルバーグ監督)でしたね。

井上 要するにアメリカン・ニューシネマからハリウッドの大作路線に揺り戻しが始まる頃ですね。

荒井 スピルバーグとジョージ・ルーカスがいけないんだよ。

白石 ふふふ、いけないっていうことはないじゃないですか(笑)。

荒井 あいつらが映画を子供のものに戻しちゃったんだよ。

森 まあ子供向けの映画もあれば大人向けの映画もあるし、それが映画でいいんじゃないですか。でも『ジョーズ』はよくできている映画だよね。今観ても面白いし、すべて計算されているし、見事な映画だと思います。

荒井 『ジョーズ』は原作(ピーター・ベンチリー著、平尾圭吾訳、早川書房)にある主人公の不倫を落としているんだよ。

白石 不倫を落としてるって。荒井さんはサメが出てこない『ジョーズ』を作りそうですね(笑)。

荒井　そんな。サメも出てくるけど、不倫もやろうよっていう（笑）。

森　そうなると目線がわかんなくなる（笑）。でもスピルバーグは『激突！』（71年）も佳作だし、何といってもその後の、これは邦題がひどいんだけど『続・激突！　カージャック』（74年）はすごい。大好きです。

荒井　あれは面白い。『続・激突！　カージャック』はニューシネマっぽいよ。

森　完全にアメリカン・ニューシネマですよね。

若松孝二との共通項は低予算っていうことだけ

荒井　みんなは『ラストショー』（71年、ピーター・ボグダノヴィッチ監督）なんかはどうなの？　モノクロでノスタルジックで、ニューシネマらしくない。小栗康平の『泥の河』の感じ。

井上　嫌いじゃないですけど。荒井さん、大好きなんですよね。

荒井　ボグダノヴィッチはジョン・フォードとフリッツ・ラングのインタビュー本を出している。ヒッチコック、トリュフォーの『映画術』があるし、批評から入って撮り始めるヌーヴェル・ヴァーグに似てるよね。

森　あと思い出した。『男の出発《たびだち》』（72年、ディック・リチャーズ監督）って誰か観てる？

荒井　観ていますよ。当然。

森　あれも好き。あれってニューシネマじゃないかなあ。

荒井　少年が西部で成長するというのでは、ロバート・ベントンの監督デビュー作『夕陽の群盗』（72年）もある。

森　『男の出発』は名作です。主演は『おもいでの夏』に出ていたゲイリー・グライムズ。下劣で自己中心的なカウボーイたちが、最後に突然、旅で出会った非暴力的な信仰集団を守るために強欲な牧場主たち一味と勝ち目のない戦いに臨むという話で、サム・ペキンパーの『ワイルドバンチ』（69年）に似ている。でもこう考えると、ベストは『いちご白書』じゃないな。どんどん出てくる。『ワイルドバンチ』もニューシネマですよね。

井上　やっぱり森さん、そうやって思うとこの『アメリカン・ドリーマー』を観ていても、文字通りセックス、ドラッグ、ロックンロールじゃないですか。自由に縛られるじゃないけど、自分自身がそうやって自由な精神であらねば、自由な映画は撮れないぜ、みたいなことになっているけど、どんどんそうじゃなくなってるふうになっていますよね。

森　ちらっとテキストで読んだけど、それであいうところに移り住んだのはいいけど、逆におびえて、セキュリティをどうしようと悩んでどんどん銃に傾倒していったと書いてありましたね。自由に憧れ、自由に縛られ、銃に頼るみたいな、そういうタイトルにすればよかったのに。

井上　だから『アメリカン・ドリーマー』というタイトル自体もある意味、ちょっと皮肉ですよね。

森　たしかに。腑に落ちました。

荒井　井上がさっき若松さんの映画を観てニューシネマだって言ったけど、ロジャー・コーマンっていうアメリカの若松孝二がいるじゃない。

井上　ええ、低予算映画の帝王。

荒井　だから低予算なんだよ。ニューシネマの最初は、ロジャー・コーマン門下のモンテ・ヘルマンとかジャック・ニコルソンだとか、ボグダノヴィッチ、ジョナサン・デミ、デニス・ホッパー、ピーター・フォンダ、デ・ニーロ、スコセッシ、コッポラ、そこら辺の連中が低予算でも作れるというんでやりだしたんだよ。その流れだと思うよ。だから若松さんはニューシネマだっていうけど、共通項は低予算っていうだけでしょ（笑）。

白石　あはは、厳しいなあ（笑）。

危険なことをやればやるほど、映画に還元されるみたいな雰囲気

井上　白石さん、なんか反論した方がいいんじゃない。

白石　ちなみにデニス・ホッパーは1995年に一度、ゆうばり国際ファンタスティック映画祭に審査員で来たことがあって、その時に若松さんも行っていたらしくて、デニス・ホッパーと一緒に写真を撮ったんですよ。それを長らく事務所に貼っていましたよ（笑）。

井上　白石さん、最前線で映画を作っていて、今のコンプライアンスみたいなことになっている時代ってどうなの？

白石　そういう意味でも、今でいうとパワハラになっちゃうようなことを創造とか自由のためだったら、やむを得ずみたいな、むしろそれをやる俺たちカッコいいみたいな部分はすごくあるんじゃないですかね。それは『アメリカン・ドリーマー』を観ていてもものすごく感じるし、危険なことをやればやるほど、映画に還元されるみたいな雰囲気、考え方

があったんじゃないですかね。

井上　先週の朝日新聞で、白石さんは「僕はもう絶対、ハラスメントはやらない」って高らかな宣言をしていたけど、ほんとうのところではどうなの？

白石　やっぱり、それでいうと、たとえば役者に同じ芝居を100回やらせる監督がいたとして、これは役者がもういじめられていると感じれば、それはハラスメントになっちゃうわけですね。そういう自由がなくなっているというのは明らかなことで。そのある程度の範囲のなかでやるしかない。この時代に平気でやっていたこと、これより以前に平気でやっていたことが、今後できなくなることも当然あると思うし、その代わり、映画を作っていくうえで、たとえば技術的なことで、昔できなかったことを手に入れてもいるわけですから、それは映画の作り方が変わってきているんだろうなと感じながらやっています。

井上　荒井さん、そういう問題はどう思います？

荒井　そういう映画の神話というか伝説というか、昔みたいに監督がテイク100とかって、もうやっちゃいけないわけ？

白石　やってもいいですけど、いつそれが、実はハラスメントで、僕はいやだったけど、やられましたって、どっかから言われたらもう終了しちゃう可能性があると思うんです。

荒井　イマヘイ（今村昌平）さんが『カンゾー先生』（98年）で三國連太郎さんにテイク何十回をやって、あげくに降板して、代役を柄本明がやったんだけども、そういう映画界の伝説として語られるようなエピソードっていうのは、もうなくなっていくということなのかな。

白石　なくなっていくと思います。

荒井　ふーん、面白くもなんともないね。そういうエピソードにあこがれながら、やってきたのに。

白石　それはあるんですけど。

荒井　でも、俺はとてもそんなことはできないよ。『不連続殺人事件』（77年、曽根中生監督）の助監督をやっていた時に、監督ってこんな理不尽な、人でなしみたいなことしないと映画撮れないんだったら、俺、監督できないわと思って、映画を辞めようとした。

コンプライアンスとガバナンスの時代に映画は輝けるか

井上　荒井さんはワンテイクで、一発オーケーじゃないですか（笑）。

荒井　オーケーじゃないんだけど「もう1回」が言えない僕、みたいな（笑）。

井上　森さん、今みたいな問題ってどう思います。

森　やっぱり時代の流れとしては、30年前、40年前と違うのは当たり前だし、これだけネットも含めて、情報が流通しやすくなっているんだから、かたちが変わるのは当たり前だと思うんだけど、ただコンプライアンスとかガバナンスとかが意味することは、組織としては洗練されるということですよね。でも、特にジャーナリズムに軸をおいて考えるとわかりやすいんだけど、たとえばテレビとか新聞みたいなジャーナリズムの会社が今、コンプライアンスとかガバナンスとかリスクヘッジなどの組織論理で、自由に取材ができなくなって窒息しかけてしまっている。

この場であえて話題に出しますけど、この間の黒川検事長と新聞社員の賭け麻雀もそうだけど、多くのメディアの人はマージャンをやっていた朝日と産経の記者に対して、一概に批判できないと感じたはずです。取材のためには、時には危ない橋を渡ったり火中の栗を拾ったりすることも必要です。でもコンプライアンスやリスクヘッジの観点からはできなくなってしまう。ただし、あれはダメなんです。だって記事を書いてないから。

つまり記者やディレクターたちが、ジャーナリストではなくて会社員になってしまっている。欧米の組織メディアはもっと自由にやっています。違いは個の力なのかな。彼らは組織に従属しない。一人ひとりが自立したジャーナリスト、記者だったりディレクターだったりという意識があるので、会社の指示はこうだけど、俺はこう思うからそうするよという人は今もかなりいるんですよね。映画も同じだと思うけど、こうした締め付け的なものが強くなると、多くの人たちが一斉に足並みをそろえてしまう傾向がつまんないなと思う。だから意識的にそれをわかっているけど裏をかくぞとか、あえてギリギリまでやるぞっていう人がもっともっといないと、映画も含めてつまらなくなっちゃうんじゃないかなと思います。白石さん、過去に犯罪を冒した俳優をもう使えないとか、発覚する前に出演していた映画への助成金が停止されるとか、どう考えてもおかしいでしょ。

白石　そうですよ。おかしいと思います。

森　だったら、あえて使うぞっていうことを宣言する監督なりプロデューサーが出てきてもいいと思う。まあ、『宮本から君へ』を制作した河村光庸プロデューサーは気を吐いているけれど。

白石　『イージー・ライダー』だってヘルメットなしでバイク走ってますよ。日本でやりましょうって言っても、もうだめですよ。
井上　それは絶対できないですよ。
森　でもあの時代は日本でもヘルメットなしでバイク乗っていたよ。
白石　それはそうなんですけどね。
井上　でも、あの時代は車でも誰もシートベルトなんかしてなかったと思うけど、今、日本であの時代をやったら、全員シートベルトさせると思いますよ。
荒井　だって今はマリファナどころじゃなくて、タバコを吸っているシーンもダメなんだろうに。

アルトマンにはシンパシーなんて大それたことはいえない

井上　アメリカ映画は大麻解禁の流れを受けて、またマリファナ吸うようになってきましたけどね。でも、ホントにひどいですよ。だから考えるじゃないですか。じゃあ、『ラストタンゴ・イン・パリ』（72年、ベルナルド・ベルトルッチ監督）でマリア・シュナイダーがあのマーロン・ブランドにレイプされるシーンは、合意なしで監督が演出したと言われちゃうともう上映できないのって。『風と共に去りぬ』（39年、ヴィクター・フレミング監督）が黒人差別表現で配信が停止になるのとは、ちょっと問題が違うじゃないですか。

荒井 ウッディ・アレンの新しい映画『レイニーデイ・イン・ニューヨーク』（19年）は日本で公開されたけど、アメリカでは、#Me Tooの影響で上映できないらしいじゃない。

白石 そこはむずかしいですよね。被害を受けたと思った人の感情とかは、さすがにないがしろにはできないですからね。

荒井 白石君、優等生みたいな発言で。さすがだね、メジャーで仕事をする人は。

井上 いやらしい言い方だなあ（笑）。そろそろ時間なんで、会場から質問を受けますけど。

――（会場からの発言者）皆さんのお話を伺っていて質問があるんですけど、先ほど、デニス・ホッパーとカツシン、アメリカン・ニューシネマと若松孝二の話が出ましたが、皆さん、それぞれがシンパシーを抱く外国の監督がいたら教えてほしいんですが。

白石 僕が警察を舞台にした『日本で一番悪い奴ら』（16年）を作ったときは、マーティン・スコセッシみたいなギャング映画を作りたいという思いで作ったんです。ただ、同じようなことをアカデミー賞の場でポン・ジュノに言われてしまっているんで、もうスコセッシ監督ですって言いづらい雰囲気がなんとなくありますね（笑）。でもシンパシーというと、やはりスコセッシ監督の映画を観て今でも学んでいるんで影響は強いですね。

森　フェイバリットな監督や作品についてはよく質問されるけれど、その日の体調とか気分でそのたびに違います。映画ってそういうものかなと思うけど、今日の気分ではアラン・パーカーが好きです。シンパシーというか非常にあこがれた時期があって、初めて観た作品は『ミッドナイト・エクスプレス』（78年）だったと思うけれど、その後に『バーディ』（84年）というものすごい傑作があって、あと『ダウンタウン物語』（76年）、『ミシシッピー・バーニング』（88年）とか。非常に硬軟どっちもできる監督で、硬のときは容赦なくやる人だなっていう印象があって、一時はハマった時期がありました。

井上　ちなみに過去に聞かれた時に答えた別な監督の名前ってあるんですか。

森　それこそ若松孝二さんや神代さんの名前を挙げたこともありましたよ。

井上　荒井さんはいかがですか。

荒井　そういう質問はよくあるけど、その監督の作品が全部好きっていうふうにはいかないんで、その人の何々という言い方ならできるけどね。シンパシーって言われても、シンパシーってえらそうですよ。だから、今、森さんがアラン・パーカーが好きって言ったら、『ザ・コミットメンツ』（91年）は好きだなあとかね。で、ロバート・アルトマンにはシンパシーなんてそんな大それたことはいえないじゃないですか。ただ、アルトマンの群像劇はずっと好きだなというのはあるね。だけど『リボルバー』（88年、藤田敏八監督）を書いた時に、その頃、『ナッシュビル』（75年）のDVDも出ていないんで、うろおぼえで、すごい計算された構成の脚本の映画だなと思って、真似して書いたんだけど。ところが、語り下ろしの自伝（『ロバート・アルトマン　わが映画、わが人生』デヴィッド・トンプソン編、川口敦子訳、キネマ旬報社）を読んだら、シナリオライターが書いた冒頭だけを使ったけれど、あとはぜんぶ無視したって話していて、ええっと思ってね。だからアルトマンはライターの敵みたいな人なんだって思って。

いや、『波止場』は裏切りの肯定化だね

白石　ライターの敵みたいな人だって知って嫌いになったんですか。

荒井　そんなことはないですよ。そこがむずかしいところなのよ。結果よければいいじゃん、みたいなさ。

井上　先に出た名前を言うのはアレですけど、僕もマーティン・スコセッシですね。

荒井　スコセッシっていえば、ロバート・デ・ニーロとスコセッシがアカデミー賞の授賞式で名誉賞を受けたエリア・カザンをエスコートして出てきたときに、ちょっとふたりともいやになったんだよね。赤狩りで仲間を売った人じゃないですか。作品と人は別だろうけど、そのことに対してスコセッシはどうなのよっていうね。その時に立ち上がった人と座ったままの人がいて、外ではレッドパージを食らった連中、監督のエイブラハム・ポロンスキーたちがデモをしていたのにね。スコセッシってレオナルド・ディカプリオと組んだのはダメじゃない。『ミーン・ストリート』（73年）とか『レイジング・ブル』（80年）とかメロドラマみたいな『エイジ・オブ・イノセンス／汚れなき情事』（93年）はすごいと思ったけど。

井上　今、エリア・カザンの問題が出たから、ちょっと今日の話題につなげますけど、昔、よくその議論になってね、レッドパージで仲間の名前をしゃべったのはどうよと思うけど、映画作家として見た場合、『波止場』（54年）にしても『草原の輝き』（61年）にしても、ずっとエリア・カザンは傑作を作るなかでずっと裏切ることの痛みを描き続けるわけじゃないですか。

荒井 いや、裏切りの肯定化ね。『波止場』もそうだけど、裏切っていいんだと。

井上 何かのためには裏切っても致し方ないんだと。で、それが名作と言われて、一方で、やめちゃったエドワード・ドミトリクとかジョセフ・ロージーとかもいますね。

荒井 ジョセフ・ロージーはイギリスに逃げて、ドミトリクは転向したんだよ。で、みんな転向した後の映画がいいっていうのが不思議なんだよね。ドミトリクの『若き獅子たち』（58年）、『ワーロック』（59年）は傑作。

井上 もちろんジョセフ・ロージーは『暗殺者のメロディ』（72年）だって『エヴァの匂い』（62年）だって面白いけど、そういうところはどうなんですか。作品と作家ってどこまで別なんですかね。

白石 それはむずかしい問題ですよ。

井上 それこそウディ・アレンがセクハラしたけど、それでウディ・アレンの作品まで否定していいのか。

森　基本は作家と作品は別でいいと思うんです。思うんだけど、いろいろ聞えてくる声をまったく無視はできないでしょう。それはどうしても自分のなかにある意味、その作品に対するプリズムみたいなものを作ってしまうから。それを逆にないものにしようとしたら、逆にバイアスが働いてしまって、だからウディ・アレンが実はこういうことをやっていましたって聞いて、それは作品とは関係ないよって言いながらも作品を観たら、見方がそれまでとは変わってしまうことは当然だと思う。

井上　ちなみに、『沈黙―サイレンス―』（16年）に出演した塚本晋也さんに、スコセッシの演出ってどうなのって聞いたことがあるんですよ。そしたら、スコセッシは全カット、「エクセレント！」って言うんですって。で、「エクセレント」って言いながら、最低でも50回はやらせるんですって（笑）。ただそれはそれだけのギャランティ保証があって、さっきの50回、100回じゃないですけど、そのことが前提で進んでいくって言ってましたね。

2020年7月19日、松本シネマセレクト（長野県松本市）にて

第6章 高倉健VSイーストウッド、顔に刻まれた男の来歴

健さんは表情が乏しいけれど、でも顔の俳優なのだ

田中誠一（出町座支配人） クリント・イーストウッドが今年90歳、高倉健さんはご存命であれば89歳でほぼ同世代で、同時代を生き抜いてきた日米を代表する大スター対決というテーマで今日は放談いただければと思います。今この出町座では、「シリーズ・健さんの時代」として、高倉健さんの主演作品、『網走番外地』（65年、石井輝男監督）、『昭和残侠伝・唐獅子牡丹』（66年、佐伯清監督）、『幸せの黄色いハンカチ』（77年、山田洋次監督）、『冬の華』（78年、降旗康男監督）、『鉄道員（ぽっぽや）』（99年、同）の5本を上映しております。クリント・イーストウッドに関しては、「生誕90周年」ということで、2010年の『ヒア アフター』から19年の最新作『リチャード・ジュエル』まで9本を上映します。

井上 今日は白石和彌監督が『孤狼の血』の続編『孤狼の血LEVEL2』がクランク・

イン直前で参加できず、急きょ、小中和哉さんに助っ人で来ていただきました。小中さんは10月9日から出町座で上映される大林宣彦監督の遺作『海辺の映画館―キネマの玉手箱』の脚本を書かれています。それでさっそくトークを始めたいと思いますが、森さんは、『ニューズウィーク日本版』の連載「森達也の私的邦画論」にも「遺作『あなたへ』も高倉健は顔で魅せた」というエッセイを書かれていますが、お好きなんですか。あれを読むと『昭和残侠伝』や『日本侠客伝』シリーズは観ていないけれど、『君よ憤怒の河を渡れ』(76年、佐藤純彌監督)以降はわりとご覧になっているんですよね。

森　そうですね。『ニューズウィーク日本版』には、健さんって決して演技派じゃないし、どちらかといえばむしろ表情が乏しい俳優なのだけど、でも顔の俳優なのだ、という矛盾した趣旨の文章を寄稿しました。一番印象に残っているのは『海峡』(82年、森谷司郎監督)。青函トンネルが貫通した瞬間に健さんがアップになるんだけど、その瞬間の顔が、なかなか演技でできる顔じゃないなと思ったんです。それがすごく印象に残っていて、だからそういう意味では健さんの映画だからというよりも健さん自身がずっと気になる存在で、ちょっとほかにはいない俳優さんだったという印象を持っています。

井上　ちなみに森さんは、高倉健を初めて観た映画ってなんですか。

森　もしかしたら、高校時代に観た『ゴルゴ13』（73年、佐藤純弥監督）じゃないかなあ。あれはまったくミスキャストで、当時、高倉健はよく知らなかったけど、『ゴルゴ13』はマンガのほうはたまに読んでいたから、これはちがうだろうと思いましたね。こんな角刈り、スポーツ刈りはゴルゴ13じゃない、やるんだったら原田芳雄だろうと、そんなことを思いながら観ていた記憶があります。だからそれは全然、自分の中では評価になっていない。

井上　ウィキペディアで見たら、マンガのゴルゴ13自体が高倉健をモデルにしたと書いてあって、原作者のさいとう・たかをが映画化にあたっては高倉健を熱望したと書いてありましたが（笑）。

森　本当かなあ。僕のイメージは全然、違っていたけど。でもたしかに言われてみたら、ゴルゴ13って無表情なところは健さんに似てるのか。

井上　荒井さんは子供の頃はご両親に東映時代劇によく連れて行かれたということですが、やくざ映画の『昭和残俠伝』はさすがに親とは行かなかったんですか。

荒井　もうやくざ映画の頃は高校生だもの。やくざ映画っていうのは１９６３年、小津さんが亡くなった年に作られた沢島忠監督の『人生劇場　飛車角』がスタートなんで、『昭和残俠伝』なんかはその後だよ。

〈転向〉後の高倉健をみんなで追悼した

井上　その『人生劇場』で健さんが、鶴田浩二演じる俠客・飛車角が一宿一飯の義理がある小金一家の若い衆、宮川をやって初めて大作に抜擢されるんですよね。

荒井　健さんはそのリメイク、内田吐夢の『人生劇場　飛車角と吉良常』(68年)でも宮川をやってるね。これはやくざ映画で初めて『キネマ旬報』でベストテンに入ったんだよ。

井上　ちなみに荒井さんの健さん初体験は何ですか。

荒井　なんだろうね。『網走番外地』シリーズも観ていないし、『日本俠客伝』(64年)か『昭和残俠伝』(65年)あたりからじゃないかな。あんまり好きじゃないんだよ。

井上　当時、池袋の文芸坐オールナイトを観た後で、みんなが健さんに仮託して肩を怒らせて出てくるのに違和感があった、とよくおっしゃっていますが。

荒井　健さんが死んだとき、国民的なスターみたいな扱いで、やくざ映画でやくざをやっていた時のことをほとんどやらなかった。山田洋次さんとくっついた〈転向〉後の高倉健をみんなで追悼したわけじゃない。そういうことを含めて高倉健を好きじゃないんだよ。

井上　健さんと山口組の田岡組長との交流は有名だけど、そういうのは一切、追悼報道ではネグレクトでしたね。

荒井　やくざ映画のスターだったのにね。やっぱり決定的なのは、『キネマ旬報』で1位になった山田さんの『幸せの黄色いハンカチ』に出てから。刑務所を出て奥さんのところに帰るか、帰らないかという更生する人を演じるようになった。だからその後の『冬の華』もイマイチだったじゃない。だってあしながおじさんなんていうだけで、もうやくざ映画じゃないじゃない。大親分の藤田進が「シャガールがいい」なんて言っちゃって。健さんはクラシック喫茶でチャイコフスキー聞きながらコーヒー。トーストにジャムとか、ステーキとパンとか。なんか違和感あったなあ。ま、倉本聰のやくざなんだろうけど。

井上　ちなみに荒井さんは『幸せの黄色いハンカチ』はリアルタイムで観ていたんですか。

荒井　観てません。観るわけないじゃないですか。

井上　観たことはあるんですか。

荒井　ええと、観ないと決めていたんだけど、なんかの拍子で観ちゃったのかな。でも『遙かなる山の呼び声』（80年、山田洋次監督）は観ていないよ。

井上　あの『シェーン』の焼き直しのやつですね。小中さんもこのトークをお願いしたときに、健さんの映画をあまり観ていないとおっしゃっていましたけど。

小中　僕も世代的には『君よ憤怒の河を渡れ』が中学生の時で、それはすごく好きな映画で繰り返し観ています。あと『新幹線大爆破』（75年、佐藤純彌監督）とか僕の好きなジャンルの健さんの映画は観ていますけど、やくざ映画はほとんど観ていなかったですね。

国民的な俳優へと自己プロデュースした

井上　小中さんも森さんも立教で、池袋の文芸坐であれほどやっていた『昭和残侠伝』のオールナイトとかを観ていなかったんですか。

小中　あんまりやくざ映画に興味がなかったんで。いまだにそうです。今回のトークのために『冬の華』と『網走番外地』は観ましたけど、こういう機会がないと観なかったかなと。

森　僕も暴力が嫌いだから。さっき荒井さんが、健さんが死んだときに、そういうダークなところを報道しなかったと言われたけど、それは別に健さんだけじゃなくて、それこそ山口組の田岡さんとのつきあいでいったら美空ひばりさんとかいくらでもあの時代はいるわけで、メディアがネグってしまうのは共通してあることだと思います。まあ、あの転向の仕方、転身の仕方があざとくていやだなあという感じを荒井さんは感じ取ったということなのかな、それはわからないでもないけど、井上さんはどうなんですか？

井上 僕は最後の『あなたへ』（12年、降旗康男監督）を観ていないぐらいで、結構観てると思います。ちなみに僕も高倉健を観た一番最初は小学生の時にテレビで観た『君よ憤怒の河を渡れ』だったんです。で、大学で東京へ出てきて、皆さんとは違って『昭和残侠伝』も『日本侠客伝』シリーズも文芸坐オールナイトで全部、コンプリートしているんで、近年の健さんはやっぱり嫌でしたね。スクリーンで最初に観たのは高1の時の『駅 STATION』（81年、降旗康男監督）だったんですよ。その時からなんか嫌で。荒井さんは『幸せの黄色いハンカチ』から健さんは転向したと言ったけど、あれが起点で、今回、『冬の華』を観て、『冬の華』で降旗さんと組んで、あの手の作品をやり出したのが、そもそもの間違いなんじゃないかという気がしています。森谷司郎さんは死んじゃったからコンビを組み続けたくても組めなかったのかもしれないけど、やっぱり森谷さん、降旗さん、山田さんと並ぶと、倫理派の監督を選んで組んでいるとしか思えない。そういう意味で健さんは、国民的な俳優というふうにものすごく自分の希少価値を自己プロデュースするのがうまかったんだろうと思います。

荒井　あの「不器用ですから」っていう有名なコマーシャルがあったけど、不器用を売りにしているけど、そうじゃなくて、ナルシストなんだよ。撮影中、出番じゃなくても立ってるって、傍迷惑だよね。他の人、座りたくても座れない。あと俺がいやだなあというのは、俳優というよりもスターというかな、歳をとった役をやりたがらなかったでしょ。『あなたへ』では健さんは刑務所で働いてる人なんだよ。神輿作りを教えている指導技官。定年は60歳で、再雇用されても65歳まで。健さん、この時80歳だよ。外国の俳優は平気で歳をとったら、歳とった役をやるじゃないですか。それを高倉健さんは非常に嫌っていた、拒絶していた。そういうところが変だなあと思っていたね。吉永（小百合）さんもそうかね。

井上　僕も荒井さんが喋り出す前に吉永さんのことを言おうと思いました。今、吉永さんは国民的女優というふうに言われるけど、吉永さんって意外と代表作がないんですよ。若尾文子とか岡田茉莉子とは比べものにならない。

荒井　吉永さんの代表作は『キューポラのある街』（62年、浦山桐郎監督）でしょ。『キューポラのある街』は完結編を作るべきで、吉永さんというか石黒ジュンは脱北者に謝らなければいけないと思うんだよ。『続・キューポラのある街 未成年』（65年、野村孝監督）で北朝鮮に帰った方がいいって言って、行きたくないお婆さんを説得しているんだからさ。やっぱり映画の責任ってあると思うんだ。在日朝鮮人は、資金源や技術源になると踏んだ北朝鮮と、生活保護費を減らしたいのと左翼的な在日を追い出したい日本政府の合作の帰国運動を賛美するような映画を作って、その後の悲惨な運命はわかっているわけだから。原爆詩の朗読をやっているのもいいことなんだろうけど、北朝鮮に帰国した人たちの話をもう1回やるべきじゃないのかなあ。

デビュー作の時に、「男子一生の仕事ではない」と泣いた

井上　一作目の『キューポラのある街』では、それなりに北朝鮮に行くことをためらうじゃないですか。でも、『続・キューポラのある街　未成年』のほうは、そっち側に振れち

やったんですよね。

荒井　俺、井上にＤＶＤを貸さなかったっけ。田村孟さんのシナリオなんだけどさ、ええっていうぐらい説得しているよね。

井上　今、思い出しましたけど、荒井さんと高倉健の映画のプロットを書きましたよね。フランス映画の『チャオ・パンタン』（83年、クロード・ベリ監督）みたいのをやりたいって言って。僕、その後、よく考えたら、野上龍雄さんと刀鍛冶の話で健さんの映画のプロットを書いている。２本とも当然、ダメだったけど。

荒井　澤井（信一郎）さんに、「健さんと仕事するといいよ、ロレックスがもらえるよ」って言われていたんだよ。

井上　荒井さん、相変わらず言葉が足りないからよくわからない（笑）。健さんは一緒に仕事をした人にロレックスをくれるんですか。

荒井　そうらしいよ。澤井さんなんて、いくつも持っている。

森　このメンバーの中で、誰も健さんには実際には会ってないんですか。

井上　荒井さん、授賞式とかで会ってないですか。

荒井　健さんは授賞式には来ないでしょう。82年のヨコハマ映画祭に『海峡』の撮影現場から駆けつけたっていうけど、俺と根岸、『遠雷』で行ってたけど、記憶にない。京都の三条にある有名な珈琲屋「イノダ」で。俺が京都で田中陽造さんの助手をやっている頃、「イノダ」にコーヒーを飲みに行ったら、健さんがひとりでコーヒーを飲んでいましたよ。

森　僕も面識はないけど、現場での健さんの振る舞いみたいなことね。僕は小松政夫さんに聞いたんだけど、絶対、現場ではチェアに座んないんだって。誰かが座ったらどうですかって椅子をすすめても、「いや、みんな働いているから、自分は立っています」って言ったんだよって。それと寒い時も絶対、ストーブにあたらないとか。実際、どうなんだろう。でもいろんな人からそういう話を聞くから、事実は事実なんだろうと思いますね。

小中　僕もその話は聞いたことがありますけど、周りの人が困りますよね。

井上　周りも座れませんからね。ある時期まではライティングしている時も、ふつうは誰かスタッフが代わりにスタンド・インで立っていたりするんですけど、健さんはそれを自分で立ってたっていうし、機材とかも運んでいたって言いますからね。

荒井　あと、仲間の奥さんの誕生日とかにも自分でプレゼントを持ってくらしいよ。

森　『昭和残侠伝』の一本目に出た時かなにかに、「こんな仕事は絶対に男子が一生する仕事ではない」と言って号泣したらしいという話を聞いたような気がするな。

井上　デビュー作の時に、初めてドーランを塗った自分の顔を見て「男子一生の仕事ではない」と泣いたという話は、なんかの本に書いてありましたよ。

硬いと言われ、不器用と言われ、でも長持ちする俳優

森　僕も23〜24歳の時に、助監督のいちばん下っ端だった塩田明彦に、壁に手をついてパンツを脱いで前張りをつけてもらいながら泣きそうになりました。

井上　それは、映画は何だったんですか。『神田川淫乱戦争』（83年、黒沢清監督）ですか。

森　黒沢さんの。

井上　でも森さん、よかったじゃないですか。ふつうは男優が前張りなんてつけてもらえませんよ。自分でやれって。

森　そうなの？　なんか自然だったけれど。でもとにかく、前張りをつけたことのあるドキュメンタリー監督って、なかなかいないだろうなと思って。ああ、でも原一男さんは『極

私的エロス 恋歌1974』で実際にしているよね。違うか。そんなシーンはなかったかな。でもその原さんがロケに同行した田原総一朗さんのテレ東のドキュメンタリー「日本の花嫁」では、実際に自分はハメ撮りをしたと田原さんに聞いたけれど、AV系ならだれでもやっているしね。ちょっと話を戻しましょう（笑）。

井上 今回の予習で健さんのことをいろいろ読むと、東映の最初の頃はお客さんも入らないし、芝居も硬いと言われてて、クリント・イーストウッドも評伝を読んだら同じことを言われている。硬いと言われて、不器用と言われ、でもイーストウッドも長持ちするじゃないですか。なんか不思議ですよね。このへんでイーストウッドの話に移るんですけど、皆さん、イーストウッド初体験はなんですか。

小中 僕はテレビでやった『ダーティハリー』（71年、ドン・シーゲル監督）ですかね。

井上 僕もそうですね。僕たちの世代はテレビですね。荒井さんはイーストウッドはいつごろからですか。

荒井 『ローハイド』に決まっているでしょうが（笑）。

井上 テレビの『ローハイド』を観てたんだ。へえぇ。その後にマカロニ・ウェスタンの

『荒野の用心棒』（64年、セルジオ・レオーネ監督）が公開されたときはどうだったんですか。

荒井　うーん、新宿ローヤル（新宿東口の丸井裏にあったアクション専門の名画座）で観ていたんじゃないのかなあ。『続・夕陽のガンマン／地獄の決斗』（66年、セルジオ・レオーネ監督）は、新宿ローヤルで観て、最後の３人が対決するシーンで、ええ、なんだ！　って思って観たのを鮮明に覚えている。監督した一作目の『恐怖のメロディ』（71年）も偶然、封切りで観てるよ。元新宿大映の新宿ロマン劇場っていう洋画ロードショー館があって、そこで観たのかな。資料を見たら１９７２年４月公開なんだね。72年って連合赤軍のあさま山荘事件があった年でしょ。夏は俺は軽井沢のラーメン屋にいたけど、４月だからぶらぶらして映画でも観てたのかな。だからあんまりイーストウッドが監督っていうのは意識してなかった。

「ダメになっていく男をやりたいんだ」

井上　後年、『危険な情事』（87年、エイドリアン・ライン監督）がほぼ『恐怖のメロディ』のまんまでしたけど、あんまり言われませんでしたね。

森さんはイーストウッドはいかがですか。

森　学生の頃に映画サークルに入っていましたけど、その時に黒沢清さんもいて、一時、彼が鈍茂という名前を使っていた時があって、「なに、これ？」って思ったら、ああ、ドン・シーゲルかっていうんで、彼らはよく観ていたみたい。『白い肌の異常な夜』（71年、ドン・シーゲル監督）とかね。たしか黒沢さんは似たような題名で『白い肌に狂う牙』（77年）という8ミリを撮っていたと思うけど。僕はもちろんイーストウッドの名前は知っていましたけど、ちゃんと観るようになったのは『ダーティハリー』だろうな。でもシリーズの1本か2本を観たぐらいです。だから僕にとっては、かつてはそんなに思い入れのある監督でも俳優でもなかったですけど。

井上　「かつては」ということは、最近はイーストウッドの評価は変わってきたんですか。

森　やっぱり時々出演もしますけど、監督に専念し量産するようになってからは、全部とは言わないけど、これはすごいと思う作品は相当数ありますね。だからは今は、新作が封切られれば、だいたい観てます。

井上　小中さんは監督としてのイーストウッドはどうなんですか。

小中　最近はだいたい観ています。はずれがないですよね。題材の選び方とか、興味を持てそうなものばかり撮っているので、観ていますね。

井上 森さんとは同じ映画サークルの先輩、後輩みたいな感じなんですか。

小中 そうなんですけど、僕が入ったときには森さんは卒業されていて、黒沢さんは卒業しても来ていましたけど、何となくそういう流れで、だから森さんとは学生時代はちゃんとお会いしてないんです。

井上 荒井さんは実は、最近のイーストウッドの監督作品はまったく評価されていないんですよね。

荒井 あまり面白いと思わないな。

森 荒井さん、『グラン・トリノ』(08年)もダメですか。

荒井 自分の死を武器にするというのと、ラストのグラン・トリノの走りがねぇ。なんか『許されざる者』(92年)から好きじゃなくなったな。

井上 荒井さんは『ホワイトハンター ブラックハート』(90年)のときもそんなふうに言っていませんでした?

荒井 当時、観た時は、最後に映画監督のイーストウッドがあの脱力した感じで「アクション！」っていうのだけしか覚えてないなあ。あれは『アフリカの女王』（51年）の時のジョン・ヒューストンをやったんでしょ。さっき、イーストウッドのドキュメンタリーを観ていたら、「ダメになっていく男をやりたいんだ」と言っていて、いつもわりあいそうらしいけどね。

森　へえ、イーストウッドが？　たしかにわりあいそのパターンが多いような気がするな。

イーストウッドは自分の老醜をまったく隠す気がない

荒井　うまくやればいけるのに、自分で降りていっちゃう、自滅していく。そういうのに興味があるんだって言っていたよ。で、森さんは高倉健の顔のことを書いていたけど、イーストウッドにインタビューしている人が「ジョン・ウェインは目に影がかかるのを許しませんでした」って言っている。それに対してイーストウッドは「彼は俳優の目がすべてを語ると言っていたが、私はそうは思わない。映像全体が語るんだと思う。帽子か何かで俳優の顔に影がかかることもある。だが表情が読めないからこそ、心の中が読めることもあるんだ。常に俳優の目が見えたら、私は退屈だと思う。常にすべてを見せる必要なんかない」と言っていて、やっぱり監督をやっている人と高倉健の顔芝居との違いだね。

森　そこはまったくイーストウッドの言うとおりだと思います。イーストウッドも俳優としては、どちらかといえば明らかに大根だと思う。『グラン・トリノ』で思いきり脱力したシーンがあって、モン族の少女が暴行されたってボロボロになって家に入ってくる。その瞬間、イーストウッドは手に持ったグラスを落とすというシーンがあるんだけど、顔の表情も含めて、ほとんど高校生の演劇サークルや僕たちが撮っていた自主製作8ミリ映画のレベルですね。逆に、すがすがしいくらい。決してうまい俳優じゃないけど、やっぱりこの人も健さんと共通してるけど、びっくりしたときの表情がいいんだよね。びっくりというか話が違うじゃないかみたいな時の表情がいいなあといつも思うんだけど、あれってもしかしたら芝居しやすい顔なのかな。

小中　健さんもイーストウッドも両方ともフラットな演技じゃないですか。あんまり表情を出さない感じでずっとやっていて、どうとでもとれるようなニュアンスの一定のテンションにしといて、ちょっとだけ驚くシーンでちょっとだけやる。すると、みんなオッとなる。省力的というかあまり大きく芝居をしなくても、ちょっとの芝居が効果的というスタイルの役者さんなんじゃないか。そういう意味では共通している感じはしますね。

荒井　俺、イーストウッドで一番、印象的で泣きそうになったのは、『マディソン郡の橋』（95年）で雨の中でずぶ濡れになって頭の毛がもう剝げてきているのに、ずっと立っている。あのイーストウッドはよかったなあ。高倉健はけっしてそんなことはできないだろう。

井上　髪の毛が張りついていてね。あそこは原作にないんですよね。あそこの雨のすれ違いだけ、映画的に、脚本で足しているんですよ。

荒井　あそこは、メリル・ストリープが車に乗っていて、行こうか行くまいかっていう手のアップになってさ。

森　『運び屋』（18年）もそうだけど、イーストウッドは自分の老醜をまったく隠す気がないというか、むしろ強調しますよね。

小中　『運び屋』と『鉄道員（ぽっぽや）』がちょっとある意味、似ているなと思ったんですけど、そういう仕事一途な男が最後に1回、花を咲かせるんだけど、老いるということでは、やっぱり健さんはカッコよく見せてしまうけど、イーストウッドはちょっとそれをさらしている感じがして泣けますよ。『運び屋』はすごい泣けました。

絞首刑の時に犯人のぴくぴくと震える足をずっと撮っている

井上　ちなみに小中さんのイーストウッドのベストワンは何ですか。

小中　思い入れがあるのは『父親たちの星条旗』（06年）と『硫黄島からの手紙』（06年）の『硫黄島』二部作で、日米それぞれの視点から描くというのがいいなと思ったんですけどね。黒澤明が『トラ・トラ・トラ！』（70年、リチャード・フライシャー／舛田利雄／深作欣二監督）でやろうとしたことを2本の映画でやったんじゃないかな思うんですね。

井上　それはそうですね。ローランド・エメリッヒの『ミッドウェイ』（19年）だって、それをやろうとしていましたけど、うまくいってませんから。あれはやはり2本に分けたからよかったんですかね。

小中　アメリカ人が戦争映画を作るとどうしても日本人がダメに描かれてしまうと思うんですけど、イーストウッドはちゃんと日本をやっていると思います。

井上　ちなみに先に言うと、僕は『チェンジリング』（08年）が好きなんですよ。子供がいなくなって、母親のアンジェリーナ・ジョリーが探す話です。

森　あの津波の映画は何でしたっけ。上映が中止になった。

井上　『ヒアアフター』（10年）。イーストウッドがまったく死後の世界を信じていないにもかかわらず、死後の世界を描くという話ですね。

森　『ヒアアフター』はつまんなかった。

井上　『チェンジリング』は、最後に子供を誘拐して監禁して殺した犯人が絞首刑になるんですけど、絞首刑の時にその犯人のぴくぴくと震える足をずっと撮っているんです。自分の息子を殺して死刑になる男の死をアンジェリーナ・ジョリーに見せる。あれだけ銃を撃って、人を簡単に殺してきたイーストウッドが、ですよ。なんかすごいんですよ。ちなみに荒井さんは何ですか。

荒井　だから、みんながいいというのを聞いていると、『許されざる者』以降だよね。そういうふうな大監督になっちゃったのは誰のせいかっていうと蓮實（重彥）さんじゃないか。あとは彼が教えていた立教グループ。俺は、イーストウッドがいいと言うのは少数派だった頃のイーストウッドが好きですよ。高倉健も国民スターって言われるようになってからはいやだし、イーストウッドもみんながいいって言うようになってからはいやなんだよ。

俺はやっぱり『センチメンタル・アドベンチャー』(82年)、『ブロンコ・ビリー』(80年)、それから『荒野のストレンジャー』(73年)、『ペイルライダー』(85年)だな。俺もね、蓮實さんが、『ガントレット』(77年)でイーストウッドとソンドラ・ロックが乗ったバスが警官隊の銃撃で穴だらけになるんだけど、まるでウエディングベルのようだと書いていて、国立のスカラ座に観に行って、それからイーストウッド作品を意識的に観るようになった。

森　『センチメンタル・アドベンチャー』と『ペイルライダー』は僕も大好きですよ。

荒井　いいですよね。『荒野のストレンジャー』のイーストウッドの主人公は死人だものね。

一番役者に気持ちよくやってもらうように撮っている

井上　同じ話ですものね。『ペイルライダー』は『荒野のストレンジャー』のリメイクっぽいところがありますものね。

荒井　同じだね。死んだ人がやってくるっていう。「ペイルライダー」って『ヨハネ黙示録』の「見よ、蒼ざめたる馬あり、これに乗る者の名を死といい、黄泉がこれに従う」から来てる。ロープシンの『蒼ざめた馬』、五木寛之の『蒼ざめた馬を見よ』。フレッド・ジンネマンの『日曜日には鼠を殺せ』の原題は「Behold a Pale Horse」。

森 僕は荒井さんにそう言われると言いづらいけど、でも、特にこれというのがないんですよ。アベレージ的にいい作品が多いけど、強いて言うと『グラン・トリノ』かな。『リチャード・ジュエル』もちょっと肩透かしだった。でも言われてみると、『センチメンタル・アドベンチャー』や『ペイルライダー』はよかったなあって思いますね。すっかり忘れていましたけど、思い出しましたよ。

井上 『許されざる者』の後でも、『目撃』(97年)とか『トゥルー・クライム』(99年)とかけっこうB級を撮っているんですよ。

荒井 『ブラッドワーク』(02年)とかその辺のがいいよね。『インビクタス/負けざる者たち』(09年)とか『15時17分、パリ行き』(17年)なんて何なのよ。ネルソン・マンデラが「君たちは和解の象徴だ。だから優勝しなくてはならない」って言って、ラグビーチームがワールドカップで優勝してしまうだけの話だし、3人のアメリカ人の若者がヨーロッパ旅行中にテロに遭遇、テロリストを制圧しましたってだけの話だし、ああそうですかとしか思わない。『運び屋』も、麻薬の運び屋が家族との関係を修復しましたって言われても、ラスト、花の手入れをしていて倒れて死ぬとかにしてくれればまだ。『人生の特等席』（12年）の方がよかった。あと、ミュージカルをやった『ジャージー・ボーイズ』（14年）は感心した。『ジャージー・ボーイズ』は悪いことに『この国の空』（15年）を撮ってる時に、撮休の時に観に行っちゃったんだよ。いやあ、もう現場に行くのがいやになっちゃってさ。

井上　なんですか、自分の演出力と比べちゃったんですか（笑）。

荒井　そうそう。いやあ、何気なくうまいなあみたいな（笑）。

井上　小中さんはどうなんですか。イーストウッドの演出力を見ていると、あまり肩に力が入ってないように撮ってるじゃないですか。

小中　そうですね。イーストウッドって役者だから一番役者に気持ちよくやってもらうように撮っているんだと思うんですね。だからけっこうワンテイクが長いし、セットアップが何となくわかるというか、通しでやって、セットアップでカットバックしているんだろうなとか、役者のテンションが上がる瞬間をうまく吸い取っている。余計なことをやらないけど、うまい。僕にはできないんで、いつも観ながら感心しています。

井上　イーストウッドは、役者はワンテイク目が一番いいんだって、今でも言い続けていますけど、そういうことを役者の生理でやっていると。

小中　そう見えますね。現場で変に凝ってないじゃないですか。非常に的確にうまいっていう感じで。現場で余計な変な凝り方をしてない分、芝居に集中できる。そういう現場なんじゃないかな。

自由を描いた時代の、体制側の主人公『ダーティハリー』

井上　前にこのトーク隊でマーティン・スコセッシの話になったときに、荒井さんがエリア・カザンがアカデミー賞の特別賞を獲った時に、会場の外ではカザンが赤狩りで裏切ったことへの反対デモをしているのに、スコセッシが出てきてカザンを称賛したので嫌いになったという話をしていましたが、イーストウッドって共和党支持者じゃないですか。日本で自民党支持者だって宣言して映画撮っていたらそれだけでいやじゃないですか。森さんなんかどう思います?

森　有名な話ですよね。でも今の日本の自民党とアメリカの共和党を比べたら全然比較の基準が違うというか、共和党は州によっても違うし、いろんな問題提起をしている議員もいるだろうしね。

今の自民党は安倍政権以降は一色に扁平になっちゃったから比べられないと思うけどね。かつての自民党であれば、自民党支持の映画監督がもし撮った映画でも、しっかりとしたふくらみもあって世界観もあってちゃんとメッセージもあるというものになったんじゃないかと思います。まあ確かに、今の自民党を支持する映画監督の映画ならば、それはちょっと観る気にはなれないけど。今の自民党を共和党と比べることに無理があると思いますね。

小中　その辺のイーストウッドの政治的なスタンスはよく知らないんですけど、映画を観ると、『アメリカン・スナイパー』（14年）もイラク戦争にはそうとう批判的です。だから共和党支持者の映画っていう感じはしないですね。昔から軍人を強く描いてはいるけど、やっぱりその殺し合いのリアリティとかPTSDを後々まで引きずっていくというのは描いていると思いますね。

森　『グラン・トリノ』でも、朝鮮戦争に出兵して多くのアジア人を殺したことがトラウマになっている主人公を演じています。

小中　人種的にもリベラルというか、『運び屋』でも差別用語は使うけどいろんな人種に分け隔てなく接しているキャラクターだし。

森　リベラルですよ。だから共和党が非リベラルかというと、そうじゃないんじゃないのかなと思うけどね。トランプを忌避する共和党員もたくさんいるらしいし。

小中　映画を観ていると、わりとリベラルな印象がありますね。

荒井　いや、だけど『ハートブレイク・リッジ　勝利の戦場』（86年）はグレナダに米軍が侵攻したときの話だよね。グレナダ侵攻自体は問題であるけれど、映画自体はいわゆる新兵教育物だものね。サミュエル・フラーの『最前線物語』（80年）と同じで、基本は若い兵隊を鍛えていくみたいな話だから。

井上　イーストウッドは朝鮮戦争、ヴェトナム戦争、イラク戦争には反対であったとウィキペディアには書いてあったんですけど、たとえば『ダーティハリー』の時には警察が不正とかで今と同じで弱まっていたんですね。犯罪が多発して、その時ふつうの方法では裁けないから俺のマグナムで裁くぜみたいなふうなことを言って、公開当時、タカ派映画だって批判されているんですよ。『ダーティハリー2』（73年、テッド・ポスト監督）に至っては思いっきり保守、バリバリ右翼のジョン・ミリアスが脚本を書いているんですけど、ああいうのはどうなんですか。

小中 『ダーティハリー』は、あんな刑事ものは初めてだからすごいインパクトがありました。今からの視点で観ると、ニューシネマの時代にああいうのが出た時点で反動と言われていたのかなという気がしますね。もっと自由なアウトローを描いてきた時代に、また体制側の主人公で、という批判だったのかなという気がしますね。

「ウルトラマン」にも通じる正義の内ゲバというテーマ

荒井 『ダーティハリー』シリーズは全部は観てないけど、何本か観て、まあ、法律で何ともならないんなら俺がやる、っていう話はアメリカ映画では『ダーティハリー』に限らず伝統的に昔からあるからね。だから別にそんなに気にならなかったけど、ポーリン・ケイルがファシスト映画だって批判したって聞いて、へえって思ったぐらいで。観ている時はそういうふうには思わなかった。イーストウッドってその頃からヨーロッパじゃ人気があったけど、アメリカでは役者としても監督としてもあんまり評価されてなかったんじゃないの。

小中　やっぱりイーストウッドを起用した時点から、刑事物に保安官が来たみたいなキャスティングだったんでしょうね。

荒井　『マンハッタン無宿』（68年、ドン・シーゲル監督）からそうなんですよ。

森　子供の頃に『ワイルド7』というマンガがあったけれど、あれも構造は同じですよね。従来の警察では逮捕できない巨悪を俺たちが逮捕する、処罰するぜっていうマンガで、『ダーティハリー』もその延長で観ていたと思う。だってその頃、なんらイデオロギーもないし考える頭もないしね。今にして思えば、警察権力をこれだけ正当化していいのかとか、それは言われればそうだなと思うけど、当時は少なくとも全然なんにも考えてなかったです。

小中　『ダーティハリー2』は、とくに白バイ警官がガーッと来るのが『ワイルド7』に似ていますね。

井上　『ダーティハリー2』は『ワイルド7』みたいな白バイ警官をイーストウッドが許せないという、要するに正義同士の内ゲバみたいな話ですからね。脚本がジョン・ミリアスとマイケル・チミノなんですね。

荒井　チミノが直したんだろう。ジョン・ミリアスが監督デビュー作の『デリンジャー』

（73年）の現場に行っちゃったんで。

森　正義の内ゲバって、まさしく小中さんがやっている「ウルトラマン」シリーズがそうだよね。

井上　そうか、やっぱり小中さんも「ウルトラマン」とかのヒーローもので、その辺のテーマをやっていたんですか。

小中　「ウルトラマン」の場合はもうちょっとスケールがでかいから防衛問題に直結してきて、国家の話になったりするんですけど、正義の危うさみたいなものが裏テーマなんです。力を持つのは正義といえるのかとか暴力を行使することの是非みたいなことは、ヒーロー物って絶対にやりますよね。

森　敵基地攻撃論をテーマにした「ウルトラマン」なんて観たいよね。

『冬の華』はスノッブで甘い

荒井　だけど正義か正義じゃないかはおいといて、もう、ただ殺すぜみたいなテーマは『許されざる者』につながっているんじゃないの。やっぱり。

井上　でも『許されざる者』は、そこを非常にたくみにやったじゃないですか。

荒井　しかし、あのイーストウッドの主人公はダーティであることに居直っているわけじゃない。警官でも保安官でもないのにさ。

井上　ただ『許されざる者』は、荒井さんが褒めていないのに言うのはあれだけど、やっぱりホンとして図式の置き方も非常にうまくできているじゃないですか。『ダーティハリー』が行使していた正義すらもないんだというふうに暴力が時代とともにもう一回逆転していくみたいな。

荒井　だからちょっとゲイジュツになっちゃっているじゃない。そこがね。『バード』（88年）もなんかゲイジュツしていたな。

井上　やっぱりこれは健さんが後半、転向したのとは違いますよね。健さんの場合はずっとやくざ映画をやっていたら、こんなふうな評価はされていませんよね。

荒井　されてないよね。というか、やくざ映画自体がなくなっていくわけだから。だからそういう意味で、さっき言ったけど、1970年代になって、ロマンポルノとかやくざ映画が差別されていたのが、『キネマ旬報』のベストテンに入るようになった。だけど、それも寿命は短いわけだよ。やくざ映画で最初にベストテンに入ったのは『人生劇場　飛車角と吉良常』で、その次が『仁義なき戦い』（73年）なんだよね。最後が『その後の仁義なき戦い』（79年、工藤栄一監督）ですよ。

井上　ええ！『その後の仁義なき戦い』以降、やくざ映画は入っていないんですか。

荒井　実は『竜二』（83年、川島透監督）があるんだけど、それが最後だね。

井上　荒井さん、白石和彌の『孤狼の血』（18年）があるじゃないですか。

荒井　あれは警察映画じゃないの（笑）。

井上　まあそれはそうだ。ちなみに『県警対組織暴力』（75年、深作欣二監督）は入っていないんですか。

荒井　『県警対組織暴力』は読者選出で9位。深作さんで『仁義なき戦い』と『仁義の墓場』（75年）、『やくざの墓場　くちなしの花』（76年）、そして『冬の華』、『その後の仁義なき戦い』、『駅 STASION』が入っている。

森　僕はとにかく『冬の華』はあのファーストシーンですよ。風車を持った少女が走ってきて、お父さんの池部良さんが死んでるところで、風車を地面に刺してるでしょ。あれが許せなくて。刺さないよ、子供は。しかもそれから風車は大事なモチーフになっているのに、あのデリカシーのなさがすごくいやで。さっき健さんの顔のことをほめたけど、映画としては、脚本は倉本聰さんですよね。杜撰というかひとつひとつのエピソードが、それこそシャガールとかチャイコフスキーとかも含めて、非常にスノッブで甘いんですよ。そういう意味で映画としては全然、評価できなかった。

健さんの長崎のヤクザがヒバクシャで、画期的だった

井上 テレビの連続ドラマのある長さで力を発揮する人が、2時間に凝縮したときにはあいうふうになっちゃうんだということに僕も驚きました。結局、荒井さんは『冬の華』は観返したんですか。

荒井 観返さない。『駅 STASION』は観返そうと思っているけど。あれは大みそかのシーンはいいじゃない。

井上 居酒屋で健さんと倍賞千恵子がカウンターで紅白歌合戦を見てると、八代亜紀の「舟唄」が流れる。

荒井　あれはいいシーンだよ。

森　あれはいいシーンだった。その後で、倍賞千恵子が「大きな声出してなかった？」って聞くと、健さんが「樺太まで聞こえるかと思ったぜ」っていう台詞がある。ところで、井上さん、冒頭で言いたいことがあるって言ってなかったですか。

井上　だからやっぱり『冬の華』はやくざ映画をパロディに、戯画化していく中で、非常に置き方があざとくて計算がみえみえでいやだっていうことですよ。

森　『仁義なき戦い』のパロディみたいなシーンも沢山ありましたね。それが俳優も含めて悪ふざけの域を脱していないんだよね。音楽の使い方もね。

小中　どこまで狙いのギャグなのかっていうのがね。小林亜星さんのカラオケのシーンとかは爆笑して観てたけど。

井上　あのカラオケも、健さんが喫茶店でチャイコフスキーの「ピアノ・コンチェルト」を聴くことの延長だと思いますよ。風車もそうなんですよね。わざわざ子供が刺してお父さんて言わないですよね。

森　まだ3歳児ですよ。だれか現場で止めろよ。

——（会場からの発言者）荒井さん、『日本俠客伝』の最初の作品は笠原和夫さんの脚本なんですけど、どうでしょうか。

荒井　笠原さんの話では、中村錦之助が主役ということだったけど、錦之助がイヤだと言いだして、高倉健になったと。高倉健が錦之助に挨拶に行ったら、お前が主役をやるなら、一丁噛んでやろうと。それで笠原さんが流れ者の客人の話を入れて。客人がやられて、健さんがやり返すという定型がこの時にできたと言ってます。

井上　ちなみに『望郷子守唄』（72年、小沢茂弘監督）って観てないですか。野上龍雄さんの脚本で、これは明快な天皇制批判をやっている映画で、健さんが特攻帰りでイケイケドンドンなんですけどね。

荒井　『地獄の掟に明日はない』（66年、降旗康男監督）は、健さんの長崎のヤクザがヒバクシャなんだよ。これは画期的だったよ。

高倉健と中野良子は中国で人気がある

井上　そろそろ終了ですが、高倉健のベストワンはどれですか。

森　僕は映画の評価は別として健さんの顔だけでということで『海峡』ですね。

小中　マイベストワンじゃないけど、大好きなのは『君よ憤怒の河を渡れ』ですね。僕らの時代は、その後、角川映画で『野性の証明』（78年、佐藤純彌監督）とかに出る映画俳優というイメージですね。

森　たしかに健さんが中野良子さんと馬で疾走するシーンは目に焼き付いていますね。

荒井　そこだけでしょ。新宿を馬で走る。中国へ行くと、必ずこの映画の話が出てくる。日本では名作でも傑作でもないいんだよって言うんだけど。中野良子と高倉健って中国で人気があるんだよね。要するに文化大革命が終わった中国で公開された最初の外国映画なんだよね。『追捕』というタイトルで。

小中　ジョン・ウーで『マンハント（追捕）』（17年）の題でリメイクされましたものね。オリジナルの主題歌を鼻歌で歌うシーンがあって、ちゃんとオマージュを捧げていましたよ。

井上　どうもありがとうございました。

２０２０年９月26日、出町座（京都市）にて

第7章　評論家への逆襲、さらに映画の闘争は続く

2020年　第94回キネマ旬報ベスト・テン

1『スパイの妻〈劇場版〉』（黒沢清監督）
2『海辺の映画館―キネマの玉手箱』（大林宣彦監督）
3『朝が来る』（河瀬直美監督）
4『アンダードッグ』（武正晴監督）
5『本気のしるし〈劇場版〉』（深田晃司監督）
6『37セカンズ』（HIKARI監督）
7『罪の声』（土井裕泰監督）
8『喜劇　愛妻物語』（足立紳監督）
9『空に住む』（青山真治監督）
10『アルプススタンドのはしの方』（城定秀夫監督）

2020年　映画芸術ベストテン

1『れいこいるか』（いまおかしんじ監督）
2『37セカンズ』
3『アルプススタンドのはしの方』
4『本気のしるし〈劇場版〉』
5『ミセス・ノイズィ』（天野千尋監督）
6『VIDEOPHOBIA』（宮崎大祐監督）
7『風の電話』（諏訪敦彦監督）
『喜劇　愛妻物語』
『影裏』（大友啓史監督）
10『恋するけだもの』（白石晃士監督）
『空に住む』
『私をくいとめて』（大九明子監督）

第44回　日本アカデミー賞

最優秀作品賞
『ミッドナイトスワン』（内田英治監督）

優秀作品賞
『浅田家！』（中野量太監督）、『男はつらいよ　お帰り　寅さん』（山田洋次監督）、『罪の声』（土井裕泰監督）、『Fukushima50』（若松節朗監督）

最優秀主演男優賞　草彅剛『ミッドナイトスワン』
最優秀主演女優賞　長澤まさみ『MOTHER マザー』
最優秀助演男優賞　渡辺謙『Fukushima50』
最優秀助演女優賞　黒木華『浅田家！』
最優秀監督賞　若松節朗『Fukushima50』
最優秀脚本賞　野木亜紀子『罪の声』
最優秀撮影賞　江原祥二『Fukushima50』
最優秀照明賞　杉本崇『Fukushima50』
最優秀美術賞　瀬下幸治『Fukushima50』
最優秀録音賞　柴崎憲治、鶴巻仁『Fukushima50』
最優秀編集賞　石井巌、石島一秀『男はつらいよ』

２０２０年　映画芸術ワーストテン

1　『スパイの妻〈劇場版〉』
2　『罪の声』
3　『ミッドナイトスワン』
4　『海辺の映画館―キネマの玉手箱』『Fukushima50』
6　『ばるぼら』（手塚眞監督）
7　『浅田家！』
8　『日本独立』（伊藤俊也監督）
9　『男はつらいよ　お帰り　寅さん』
10　『れいこいるか』
『子どもたちをよろしく』（隅田靖監督）
『ロマンスドール』（タナダユキ監督）

歴史的事実なんてどうでもいい？　絶交かな

——今回は、締め括りとして、4人の方々に作り手の立場から、現在の映画批評の在り方、映画ジャーナリズムの抱える問題点をめぐって語り合っていただければと思います。

井上　20年の『キネマ旬報』のベストワン『スパイの妻〈劇場版〉』（20年、黒沢清監督）が『映画芸術』のワーストワンなんですが、こういうケースって『万引き家族』（18年、是枝裕和監督）もそうでしたけど、よくあるんでしたっけ？　ちなみにその年って、『止められるか、俺たちを』（18年、白石和彌監督、井上淳一脚本）が同率でワーストワンなんですよね。感じ悪い。

荒井　いや、最近はそんなにないんじゃない。最近、「キネ旬」と「映芸」のベストテンが同じようなものになっちゃう傾向があったんで、どうしようってずっと思っていたんだよ。

井上　どうしようって、昨年は『火口のふたり』（19年、荒井晴彦監督）が両誌でベストワンだったじゃないですか。

荒井　うーん、これは困ったもんだよね。

白石　ワハハハハ。自分の作品はいいけど、こっちはダメみたいなそんな話ですね。

井上　でも今年に関しては別に「キネ旬」の『スパイの妻』の1位が先にありきじゃないですもんね。

荒井　それは知らなかったからね。だから「キネ旬」で1位で、脚本賞も『スパイの妻』の3人（濱口竜介、野原位、黒沢清）というのは驚いた。

井上　荒井さんは『映画芸術』の編集長になって今年で37年目ですけど、そもそも引き受けるときに、「プロ野球の評論家は元プロ野球選手だけど、映画評論家は映画監督、脚本家経験者じゃないのはおかしい」みたいなことを言っていたんですよね。

荒井　それはSNSの時代になってほんとうに顕著じゃない。だれでも映画評論ってできちゃう。それが評論といえるかどうかはわかんないけどね。昔からそうじゃない。相撲、野球でも解説するのは元力士や選手だけど、映画だけはその辺のバカが観ただけで語っている。それにある時期から新聞も週刊誌でもけなす映画評が載らなくなった。俺も一度、『サンデー毎日』で映画評をやりませんかって浪漫堂の春日信一経由で言われて、「けなすよ」って言ったら、「けなしはダメです」と言われた。今は映画評論家は映画会社の宣伝部みたいになって、当たり障りのない作品の紹介と褒めだけになっちゃってる。だから俺が「映芸」をやり始めたときは、「キネ旬」やほかの映画賞、ベストテンに対する批評としてのベストテンをやってみたいと思った。でも結局、自分の脚本作品があったり、自分が映画を撮るようになったりすると、自分の作品だけ上位にしてる、客観的じゃないと言われる。居直るわけじゃないけど、そもそも映画を批評するのに客観公正なんかねえよっていうのがあるんだな。

井上　「映芸」の今年のベスト／ワーストに対して青山真治さんが「主観と党派性という貧弱な〈実〉のオンパレード」とツイートしてましたけど。

荒井　「ｂｏ：ｉｄマガジン」連載の日記で、《「映画芸術」最新号が届いたので見たが、『日本独立』の特集などどこにもなくて、であれば「もういらないだろ映芸」と思う。『プライド　運命の瞬間』の時は表紙にまでしたじゃないか。ベスト／ワーストでも言及した方はごくわずか。これが目玉と考えた私が鈍っているのか。粛々と頑迷な党派性の中で追悼だけしていてくれれば変に期待なんかしないで済むのに。だが何処に出しても通用しそうにない主観が〈実〉としてまかり通り続ける。〈虚〉によって〈虚〉を語ることに賭けられたのが『スパイの妻』の「暗い画面」という半地球規模の〈実〉であって「郷愁」などかけらもないことが議論されない場でアクチュアルな「映画芸術」を語りえるだろうか。》と書いている。俺は歴史モノ時代モノは山田風太郎の明治モノのように「実」をベースにして「虚」を作らないとダメだと、「虚」の上に「虚」を重ねたら、ただのウソ話にしかならないと言った。小林多喜二の虐殺や「ゾルゲ事件」のように特高は甘くない。東出昌大の憲兵は高橋一生や蒼井優をすぐ釈放している。尾崎秀実やゾルゲは特高が逮捕している。大体、スパイ容疑なら特高が出てくるのでは、とか人体実験の映像を誰が撮ったのかとか、首をひねるとこが多いから。蓮實重彥さんは黒沢清と脚本の濱口竜介との『文學界』の鼎談で、憲兵の頭が坊主じゃない、制服がカーキ色じゃないと指摘して、「ああ、そうか、これはやっぱりどこにもない場所の話なのか」と納得した次第ですと言い、黒沢も、はい、その通りです、と言っている。脚本のファーストシーンには、「字幕『一九四〇年神戸生糸検査場』」と書いてあるし、映画でもその字幕が出てくる。「どこでもない場所」という字幕を出すべきだったのではないか。それに教え子の映画を先生が傑作というのは党派性じゃないのかな。青山とやろうとしている映画は、「虚」によって「虚」を語るモノじゃない。日本の「戦後」への批評だ。青山とはもう絶交かなと思ってしまう（註・現在進行中の、米兵相手の娼館を営む姉妹を通して戦中・戦後の混乱期を描く島田雅彦原作『退廃姉妹』を荒井晴彦・井上淳一脚本、青山真治監督で映画化する企画を指している）。

井上　白石はいっぱい批評されてきただろうけど、書かれる側からはどうなの？

白石　でも荒井さんがおっしゃる通り、今はその映画を好きな評論家にしか発注していない感はありますね。ダメなところをみんな書かなくなっている。まあ、面倒くさいですものね。

荒井　最近も山根貞男さんが、『花束みたいな恋をした』（21年、土井裕泰監督）が青春ラブストーリーの傑作だって絶賛していて、坂元裕二のシナリオもほめてた。それで観に行くと「ええ！　俺、おじいさんのせいか、全然わかんねえや」って思ったよ。だけど、山根さんのほうが俺よりおじいさんだしね。で、井上も若干、好意的だしさ。「三日三晩部屋の至る所でセックスした」と言ってるけど、それを画にするのが映画でしょ。オンとオフでしゃべってるだけで、全然、映画的じゃなかった。青春ラブストーリーの傑作っていうのは大島渚の『青春残酷物語』とか、浦山桐郎の『非行少女』とか、山根成之の『さらば夏の光よ』みたいな、別れが辛いものだと思っていた。ジャンケンで猫をどっちが持っていくか決める別れなんて「イマ」なのかもしれないけど、おじいさんには刺さってこない。

評論家の意見と役者や俺たち現場サイドのギャップ

井上 若干、好意的じゃないです（笑）。ただこの時代に受け入れられるものと自分が書けるものの接点を必死に探そうと格闘してるなと。

荒井 ある俳優から電話がかかってきて、その俳優の倅から「親父、『花束みたいな恋をした』を見たか」ってメールが来て、倅がいいと思って薦めてるのかと思って観に行ったら面白くなくて、倅にそう言ったら、ひどいから見てよっていうことだったらしいんだよね。ある女優からも電話がかかってきて、「坂元裕二のホンは書きすぎなのよ」って言っていた。つまり、評論家の意見と役者や俺たち現場サイドのギャップってあるんだよ。『花束みたいな〜』は大ヒットだし、この映画をいいと思う若い観客とのギャップもある。そういうこともあって、「映芸」を作り手相互の批評の場にしようと思ったんだけど、なかなかむずかしいよね。作り手で文章を書ける人ってなかなかいないからさ。

井上　実際、今回の「映芸」のベストテンでも作り手で参加しているのは荒井さんと伴（一彦・脚本家）さんとぼくだけですものね。映画評論って壊滅的な気がしているんですけど、森さんはいかがですか。

森　今、なるほどなと思いながら聞いていたけど、作り手もしくは作り手ＯＢが批評家にあまりいないというのは確かにその通りだと思ったし、けなすことがないというのもその通りで。これは、政治や社会の問題に対してコミットや発言したりする表現者が少ない、という日本の状況にも重なっている部分があるのかな、という気もします。少ない理由は、たしなみとして批判したり発言したりすべきではないというような雰囲気。批判は作品でやれ、みたいな文化というか風土。その帰結として、日本の批評は、これは映画だけではなくて他のジャンルや社会、政治などの位相も含めて、ある重要な視点が抜け落ちたまま推移してきた、ということは言えるのではないだろうか、などと考えています。サルトルが半世紀以上も前に提起したアンガージュマンの問題を、この国はいまだにクリアできていない。

まあでもそう言いながらも、映画業界には友人も多いし、その人そのものではなくて作品への批評なんだと理屈では思うけれど、言いづらいという実感はあります。

荒井　どうしてこうも俺たちと評価が違うんだろうと。乱暴に言うと、『スパイの妻』で違っちゃうのは、時代劇に電信柱が映っていても気にならない人と、それは違うだろうという人との、その差だと思うんだよね。気にならない人が多くなったんじゃないの。その電信柱という譬えがわかるかどうか。あってもいいじゃないかって言う人もいるかもしれない。CGで消せるようになっているから電信柱は出てこないけど。たとえば瀬々敬久の『菊とギロチン』（18年）は「キネ旬」で脚本賞をもらったけど、脚本を書いた瀬々と相澤（虎之助）に「映芸」でインタビューした時に、シナリオも読んでいたし、大杉栄も出てくるから関東大震災の頃の話でしょ。「中国」って言ってるんだよね。「あの時代は支那だよ」と言ったら、「え！」って言ってたけど。それと「天皇の嫡子」と言っているじゃない。嫡子は皇太子のことだよって言って。それをいうなら「天皇の赤子《せきし》」だろと。監督と脚本家も、何十人かいるスタッフのだれも気がつかないで、仕上げの過程でも気がつかないでさ。「キネ旬」でベストテンに選んでいる人も脚本賞に選んでいる人も気がついてんのかね。支那と天皇の赤子って近・現代史物をやるんだったら基本的な認識というか知識じゃない。

作り手のミスだよね。そういうことをどうでもいいと思ってスルーしてるのか。観る側が、いいじゃないそんなこと、みたいな感じで引っかからないのか。作り手と同じでそのミスに気がつかないのか。そういうところで評価基準が違ってきているんじゃないかな。

井上 若松（孝二）さんの『千年の愉楽』（12年）ではアルミサッシが映っている。ボンネットバスじゃないとか、そんなことは気にならないという人たちは、時代考証やディテールの瑕疵《かし》を上回る何かがあると、作品を評価するわけですよね？

荒井 最初からそのディテールをきちんと解決しようよ。ボンネットバスでいえば、冨永（昌敬）が監督で、染谷将太と川上未映子が出ていた『パンドラの匣』（09年）も、ボンネットバスじゃなくて鼻ペチャバスが走ってた。それをプロデューサーの大野敦子に指摘したら、「だって、ないんです」って言う。「じゃあ、撮るな！」ってんだよ。『パンドラの匣』は太宰治の1946年の小説でしょ。あの頃はボンネットバスしかないんだから。俺が助監督でついた『不連続殺人事件』（77年、曽根中生監督）の時は、東北にあるのではと探しに行って、岩手で見つけて新潟まで持ってきたよ。

井上 だけど、荒井さんと『白磁の人』（荒井・井上脚本、神山征二郎監督で企画。脚本を書くも、関東大震災の朝鮮人虐殺シーンにスポンサーが激怒。結局、林民夫脚本、高橋伴明監督で映画化）をやりかけた時に、われわれは大正時代の関釜連絡船のデッキがガラス張りだということを調べるわけじゃないですか。でも実際は製作費の関係で氷川丸でしか撮れないという。そういうことって、いつも日本映画に付きまとう問題なんじゃないんですか。

映画を舐めている監督と、それを許している客

荒井　いや違う問題だよ。赤子と嫡子との違いを知らないということと、物理的に撮影できることとできないことがある。でもそれって、なるべくはどうでもよくないことにした方がいいと思うよ。井上と白石にも言うけど、『止められるか、俺たちを』で、「まえだ」というバーに2階はないよ、あるけどママの部屋だし田中のコミさんが寝てる部屋、って言っているのに、どうしてもあそこからオシッコをさせたいからって「まえだ」の2階も客が飲めるようにしてオシッコをやる。そういう作劇上の嘘はいけないって言っているんだよ。「まえだ」を知らない君たちは平気でそういう嘘をつけるけど、知っているともう、シラけるというか、その映画が信用できなくなる。お客さんも評論家もそういうことがど

うでもよくなってると思うんだよ。だけどそれって映画の価値を損なうもんじゃないのかね。『るろうに剣心』（12年、大友啓史監督）の冒頭が鳥羽伏見の戦いなんだけど、山の中でやってんだよ。鳥羽街道というのは鴨川の横っちょだよ。そんなことは学校で教わっただろうに。ちょっとネットを見ればわかるし、で、新選組の土方歳三が出てくるんだよ。新選組は伏見奉行所詰めだから市街戦だよ。そんなことはちょっと勉強すればわかるのにさ。なんで山の中でやっているんだって思うけど、そういうことを誰も気にしない。それで戦いが終わって土方は紙巻きタバコで一服してるんだ。そのころは紙巻きタバコはねえよ。出回るのは明治になってからだよ。そういうことに気がつく方が悪いのかっていう話じゃない。楽しめないんだから、それ以降。ついでに言うと、『ラストエンペラー』（88年、ベルナルド・ベルトルッチ監督）で坂本龍一が演じた甘粕（正彦）が片腕っていうのはどうなの。ベルトルッチだから許すの？　最初は切腹させようとしたらしいね。坂本が抵抗してピストル自殺にしたらしいけど、なんで史実通り青酸カリではいけないわけ？　ベルトルッチに差別的なものが働いているのかね。なんで片腕って驚くよね。

白石　荒井さんの言っていることもわからなくはないけど、それだけで映画の評価が低いっていうのは、違うような気がします。

井上　だけど荒井さん、そういうことって僕たちだって外国映画だと気づかないことがあるわけじゃないですか。『天国の門』（80年、マイケル・チミノ監督）で〈ジョンソン郡戦争〉の描き方が史実と違うとか言われるけど、僕らはよくわからないじゃないですか。でも、荒井さんが『スパイの妻』がダメだって言っているのは、憲兵の制服がガンダムみたいだとか、「731部隊」がホラーっぽいとかそういうことだけではなく、ドラマとしてダメだってことですよね？

荒井　スパイの妻になりたいということがわからない。思想じゃなくて夫への愛というのがうまくいってないと思う。スパイは死刑なんだよ。ヴェネチア映画祭で『スパイの妻』は監督賞を獲ったでしょ。外国人はいいんだよ。日本のことを知らないから。

森　ちょっと戻るけど、さっき荒井さんが言ったボンネットバスが見つからないから今のバスで撮ってしまえ、という姿勢については、ぼくも違和感を持ちますよ。気づく観客は絶対にいるだろうし、その瞬間にさめてしまうことも予想できる。バスが見つからなければ、違う何かを考えようとすべきではないかな。

荒井　バスのないシーンを考えざるをえないよね。

森　ボンネットバスが見つからないからこのバスでいいよというスタンスは、やはり映画を舐めているというか客を舐めているというか、それをまた許している客もあるわけで。

白石　それで言うと、若松さんの映画なんて、国会に爆弾を持って突っ込みたいけど、当然、突っ込めないから、富士山で代用して撮ったりしているじゃないですか。それもやめろっていう話ですよね。それは映画じゃねえっていう論理じゃないですかね。

荒井　それはちょっと違うんじゃないかな。

白石　何が違うんですか。

荒井　国会へ爆弾を持って突っ込むのを国会で撮れないというのは、また別な理由じゃない。バスがないから撮れないと、そこに国会は在るけど撮れないというのは別だよ。

『スパイの妻』はワンカット目からだめでした

白石　じゃあバスがなければ、もうそれは表現として使えない、使っちゃあいけないということですか。そんなに悪いことじゃあないと思うんですけど。

荒井　昔は鉄道はＳＬでしょ。ＳＬがないからって、電車で撮るの、白石は？
井上　『戦争と一人の女』（12年、井上淳一監督、荒井晴彦・中野太脚本）だってアジアに対する加害と天皇の戦争責任を正面から描いて、製作費なんて集まらないわけですよ。だから、リアルにやったら億かかる映画を１２００万でやるしかない。時代劇のオープンセットで「なんちゃって戦中戦後」でやらないと成立しない。どっちがいいのかって話ですよ、これは。森さんと次にやる予定の劇映画「福田村事件」（１９２３年9月6日、関東大震災後の混乱、流言飛語が生み出した社会不安の中で、香川県からの薬の行商団が朝鮮人と間違われ千葉県東葛飾郡福田村〈現・野田市〉で地元の自警団に暴行され、9名が殺害された事件）のために実際に野田市に取材に行くと、道路の真ん中に醤油を運ぶトロッコが敷かれていたってわかるわけでしょう。でもこういうテーマの映画が集められる製作費を考えたら、１００パーセントできないわけですよ。
荒井　１００パーセントできないっていうんじゃなくて、もうちょっとアプローチしようよっていうことでね。それはできないっていう居直りになっちゃうんだよ。ボンネットバスがないんだったらバスのシーンを切ろうよというなら納得だけどね。

井上　要するにその葛藤がないってことですか。
荒井　うん、作り手が、だってボンネットバスないんですよって。ケロッとしてさ。
白石　それはあの手この手を尽くして万策尽きたからしょうがない、これでやろうというふうになっているんじゃないですか。
荒井　だから、その時にしょうがない、これでやろうじゃなくて、バスのシーンを撮らなきゃいいじゃない。
白石　でもそれは状況によっては代用がきかなかったということもあったかもしれないですよね。
井上　荒井さんが神はディテールに宿ると、歴史に限らず脚本を書くときにすごく勉強するのは知っていますが、そこがどうでもいいという人がいるのは確かですよ。でも、そうしたら荒井さんがあれだけ非難していた、原爆投下前の広島の中島町を調べに調べて再現した『この世界の片隅に』（16年、片渕須直監督）を評価しなければいけなくなっちゃう。
荒井　それはまた別です（笑）。原爆が落ちるまでの広島を再現したのかもしれないけれど、オープンセットを建てたわけじゃない、絵を描いただけでしょ。そういう復元ではなく、描くべきなのは南京陥落の提灯行列で、すずが万歳と言っているシーンなんだよ。罪のない国民ではなく、国民にも戦争責任があるという視点がない。

井上　先日、『おしん』の総集編を何げなく見てたら、南京陥落の提灯行列をやっていて、赤ん坊を抱いたおしんがキラキラした目で見守っている。そこに「この時は、おしんもまた南京陥落に熱狂する庶民の一人となっていた」というナレーション。はじめて見たけど、オバケのような視聴率を取った朝ドラで庶民の戦争責任をちゃんとやってたんだと驚いた。そういえば、子どもの頃、夏休みだけ朝ドラ見てたんですけど、毎年ちょうど戦争で、無意識のうちに戦争経験者が書いた戦争を見て、戦争ってこんなにイヤなもんなんだと学んでいた気がします。ちなみに、テレビなので提灯行列はものすごく狭い画でやってました。それでも、結構な人数はいたけど。

白石　リアルにできるならそれに越したことはないので、最善の努力はみんなしていると思いますけど、いろんな理由でできなくて仕方なくそうしている。ないよりはあったほうがいいという選択をしてるだけだと思いますけどね。でもそれだけが「キネ旬」と「映芸」とのベストの違いに直結している要因だとは思えないですけどね。

井上　そこを話しましょう。僕は『スパイの妻』はもうワンカット目からだめで、何がダメかきちんと批評できないくらいなんです。森さんはどうでしたか。

森　一言にすれば圧倒的な凡作。黒沢清の映画をずっと観ているわけじゃないけど、彼の作品の中でもワースト上位だと思う。一にも二にもホンがだめです。ヴェネチア映画祭で賞を獲ったとき、審査委員長のケイト・ブランシェットがずっと黒沢清のファンだったみたいなことを言っていたから、とくにこの作品だから、というニュアンスではないのかなと思いました。まあそれはそれでいいけれど、ぼくの周囲でも、この作品をよく言う人は誰もいなかったな。

井上　ちなみに白石さんは？

白石　そもそも高橋一生はスパイじゃないじゃないかって思いました。そこがいまいち乗れなかった理由ですね。ただ、さっきから言っているように限られた予算のなかで、見せないところを見せないと、大胆にキメてやる演出はうまいなと思いましたけど、いつもの黒沢清節で。映画として決定的に面白いというのはなかったですね。

井上　あえて憲兵の制服を変えたり、７３１部隊のことを７３１部隊と言わなかったり、要するにバーチャルな世界の話ですという逃げ口上かと僕は思ったんですが、荒井さん、ボンネットバス的なモノ以外のドラマとしての『スパイの妻』のダメさはどうなんですか。

荒井 高橋一生は商社の人でしょ。それが満州に行って、なんであんなフィルムを持ってくるの？　あのフィルムは誰が撮ったの？

森 満州に行って何があったのか。そのあたりの描写があまりに安易です。念を押すけれど、事実関係としての安易さではない。確かにひょんなことで重要な局面になっていることに気づく、みたいなことは現実にあるけれど、満州でフィルムを手に入れる過程の描写が、映画として安易なんです。

荒井さんも蓮實さんの批評はダメでしょう？

荒井 そうそう。国家機密って言ってるじゃない（笑）。侵華日軍第731部隊罪証陳列館に4年前に行ったけど、関東軍防疫給水部本部はすごく広い施設で、現地の人も食堂なんかで働いていたんだろうから、なんか手はあるだろうと思うけど、カメラは回せてないと思うけどね。部隊員が資料として撮影していたかもしれないよね。それを盗んでくるっていう手はあるけど、それこそ本当にスパイじゃないと。

白石 よしんば回したとしても、これはいかんと当時の社会背景の中で一個人が思うにしては、ちょっと背中を押す何かが足りないんですよね。

荒井 それと人体実験をしているというのも外には情報として出ていたみたいだからね。

森 何よりも、妻がとつぜん夫の行動を支持し始める理由がわからない。転換点があったようだけど、それもよくわからない。いちばん大切なところなのに乱暴すぎる。だって彼女が主人公なんでしょ。でも全然彼女を描き切れてない。要するに内面がわからない。あえて描かずに想起させる手法はあります。それとは違う。描かれていないし想起もできない。夫や憲兵隊長もふくめて、人としてまったくわからない。だって人として描かれていないもの。良い悪いではなくて、黒沢清はそういう監督です。人に興味が薄い。だからこういうテーマの作品に手を出すべきじゃない。すごく中途半端になってしまった。

井上 描かないことで描く、オンとオフの使い分けは黒沢さんも脚本の濱口竜介さんもうまいはずなのに、今回は全く機能していない。ならば、『スパイの妻』なんていうタイトルで人間にフォーカスを当てるようなことはやるべきじゃないということですか。

森　フォーカスはいいけれど、監督としての被写界深度が違うのに無理をすべきではないというか、それは自分でもわかっていると思うんだけど。

――黒沢清に関して言えば、彼に決定的な影響を与えた師匠にあたる蓮實重彥の批評も視野に入れたほうがいいかもしれませんね。森さんも立教で蓮實さんの映画の授業を受けていたんですか。

森　僕は受けていません。黒沢、万田（邦敏）、塩田（明彦）さんたちは、映画サークルの部室にいても蓮實さんの授業の時間になったらあわてて教室に向かうとの印象があったけれど、僕は彼らを見送ってから他のサークルのメンバーと雀荘に行っていました（笑）。彼らにとって、蓮實さんとゴダールの影響はすごく大きいんだろうと思います。でも万田さんや塩田さんはその後、微妙に違う路線に行っていますよね。黒沢さんはそういう意味では、見事なくらいにブレていない。だから『スパイの妻』は、ブレちゃった失敗作だと思います。

井上　『映画芸術』という雑誌は、小川徹さんの〈裏目読み〉みたいに、作品の裏側、作品に描かれていること以外に何があるかみたいなことを論じようとしてきたわけじゃないですか。『映画芸術』だけじゃなくて、少なくともぼくが『キネマ旬報』とか映画雑誌を読み始めた40年前は、そういう批評が確かにあったと思うんですね。それが全くなくなってしまった。それって、蓮實さんのせいもあるんですかね？　荒井さんから見て蓮實さんの批評ってどうだったんですか。荒井さんも蓮實さんの批評はダメでしょう？

荒井　俺、けっこう読んでる。読んでいると面白いよ。だけど完璧にシナリオ無視なんで、画面に映っているもんだけだっていう批評がね。たとえば『文學界』でずっと連載していた「ジョン・フォードと『投げること』」を読むと、ジョン・フォードの映画のいろんな「投げる」シーンについて書いているんだけど、脚本家が「投げる」ということを一つも書いていないのかってこっちは思うわけだよ。

井上　ああ、なるほど。

荒井　ジョン・フォードが脚本に「投げる」がなくても投げさせてんのかって青山（真治）に聞いたら、「いやあ、蓮實さんだから脚本もちゃんとチェックしてると思うよ」って言うんだけど。ということはジョン・フォードが全部、投げさせてるのか。脚本に「投げる」って1行、書いてあったら、それはどうするのって。それを全部、映画は監督のものだっていうふうなことで語っていくじゃない。そこは俺、脚本家だからずっと抵抗があるよ。

井上　森さんがみんな熱狂して蓮實さんの授業を受けていたのに、自分だけ麻雀を続けてたっていうのは、1回、授業を受けて、この人のはもういいと思ったんですか。

森　だって1回も受けていないもの。黒沢さんたちに比べれば、映画に対してロジカルに学ぶという意識が希薄だった。自堕落だったということに尽きます。

一同　ハハハハ（笑）。

映画だってそんな特別な表現ジャンルじゃない

森　単位にもならないのに、なんでわざわざ授業をもぐってまで受けるんだよって思ってました。だったら文芸坐に行って映画を観てたほうがいいやって感じかな。

井上　なるほどね。ちなみに蓮實さんの本って読んでいるんですか。僕は1冊も読んでない。

森　当時から今に至るまで何の興味もない。

井上　荒井さんに昔、こいつは一切、蓮實重彦の影響を受けてないって言われたけど、読んでないんだもの（笑）。白石はどうだったの？

白石　全然、ないっす。

井上　荒井さん、そういうのもダメなんでしょう。こいつら、蓮實も読まずに来てるって。

荒井　でも、今、高崎（この日の司会の編集者／映画評論家・高崎俊夫）が蓮實の影響って言ったけど、今の若い人は蓮實の文章なんか読めないよ。

――でも、蓮實さんの教え子たちが今、大学で映画を教えていて、師匠と同じことを教えているから、間接的に蓮實チルドレンは増え続けていると思いますよ。

荒井　ああ、そうか。黒沢清は東京芸大の大学院で教えていて、濱口竜介はそこの学生だったからね。蓮實さんは『文學界』（2020年11月号）で濱口竜介と黒沢清と『スパイの妻』をめぐる座談会をやっていて、「曖昧だ。曖昧だけど、傑作だ」って言っているんだけど、どうして傑作だっていう結論が出てくるのっていう。東出昌大の髪の毛についても、黒沢が「（坊主頭を）人気俳優に要求するのがなかなか難しく」って言っているけど、何を言ってるんだよっていうさ。昔、ジャニーズの出た特攻隊映画で髪の毛が長かったけど、あれは海軍だからいいのか。

井上　キムタク（木村拓哉）主演の『君を忘れない』（95年、渡邉孝好監督）はやはり海軍だからと伸ばしてましたね。でも、まあ海軍だから歴史的事実には反してはいない。そんなにはいなかったっていうけど。

荒井　だから日本の憲兵はブルーっぽいナチスみたいな制服で髪の毛も「短めの七三分け」。そういうことはいいのかね。

井上　でも〈髪切り問題〉でいうと、人気俳優は誰も出てくれなくなっちゃう。じゃあ、その映画をやらないほうがいいですかみたいな話になりませんか。

森　たとえば演劇の舞台では、バスにボンネットがあるかないかとか当時の憲兵隊員に長髪が許されていたかどうかなどのレベルどころか、ベニヤで作った草とか書割がふつうに置かれていて、それで成立しているわけですよね。そんな映画があってもいいと思います。アニメとかマペットの映画とかミュージカルとか、世界観とディテールがしっかりと関連付けられて構築されているのなら、人形がしゃべったり大事なシーンでいきなりヒロインが歌いだしたりしても、まったく気にならない。でもリアルな現代劇で、いきなり刑事と犯人役が街で群衆たちと一緒に歌いだすことはないわけで、……それはそれでインド映画みたいでシュールで面白いかな、まあとにかくその延長で考えれば、予算がなければ、多少現実と違ってもしょうがない、これでがまんしようとか、僕はそれはありだと思う。でもさ、今の髪の毛の話にしても、切ってくれないなら別の役者を起用すればいいのでは、と思うのだけど。そのくらいのこらえ性は持つべきだと思う。

白石　その予算を担保できる俳優はいくらもいないです。

森　その予算って、映画をリクープできるだけの客を呼べる俳優ってこと？　うーん。そうなると日本の場合、もう映画という産業が成り立つのは無理っていうことになるよね。

白石　なりますよ。

森　今年のアカデミー賞はアジアの時代とも言われました。作品賞は中国系のクロエ・ジャオが撮った『ノマドランド』と韓国系のリー・アイザック・チョンが監督した『ミナリ』。2年前の『パラサイト』や、もっと前の『グリーン・デスティニー』も含めて、日本がまったく存在感を示していない。

荒井　昔の時代劇映画では女の既婚者は眉を落としてお歯黒をしていたけど、最近の時代劇では見かけない。ＮＨＫの大河でも。木下恵介の『楢山節考』（58年）で田中絹代は前歯を抜き、今村昌平の『楢山節考』（83年）では坂本スミ子が前歯を削ったという。『レイジング・ブル』（80年）で27キロ太った「デ・ニーロ・アプローチ」。そういうことは役者の鑑じゃなくなったんだね。

中―の僕に触れるような評論があった

森　ならば、予算規模も含めて映画という表現がこの国では無理だと。韓国やアメリカがやっているような映画ではなくて、違うジャンルだと考えるしかない。日本の映画はそこまでやせ衰えている、ということになってしまう。

白石　そうだと思いますよ。

井上　ちなみに白石のボーダーラインはどこなの？　ボンネットバスはいいとして、戦争映画をやろうとして主役の役者が坊主になりませんって言ったら、長い髪のままでやる？

白石　やりませんね。それは抵抗しますよ。でもそのボーダーラインはそれぞれだと思います。

井上　だから森さんが言うように、完全に細っちゃったのかもしれない。現場がこんなふうに細っちゃったから映画評論も細っちゃったんですかね。

白石　でも映画評論家を名乗ってる人って、ほぼいないですよね。みんな映画ライターとか映画文筆家とか。みんな僕は評論しませんっていう立場をはっきりさせていますよね。

井上　今、「キネ旬」のベストテンの選評のページを見ていますが、けっこう映画評論家と名乗っていますよ。でも書く場がほかにもうなくなっているのか。

白石　今はSNSとかnoteとかいろんなところで書こうと思えば書く場あるし、作れるじゃないですか。その中で、たとえばお金にならなくても意欲的な評論を書こうという人は見たことないですね。いるのかな。

井上　『シン・ゴジラ』（16年、庵野秀明総監督）の批評で、一番よかったのは戸田真琴というAV女優がnoteに書いたもので、めちゃくちゃ面白かったとかさ。既存の映画評論家は何やってるんだっていう。ぼくはバカな子供だったんで、中1で『さらば宇宙戦艦ヤマト』（78年、舛田利雄監督）を観て感動した口なんだけど、誰かが「あのラストシーンは特攻隊と変わらないじゃないか。特攻肯定・賛美映画なんだ」って書いてて、それを読んだ時にあ、そうなんだと気づくわけですよ。少なくとも中1の僕に触れるようなそういう批評があった。でも今年の日本アカデミー賞で、『Fukushima50』(20年、若松節朗監督)に結構な票が入った。あえて観ないことが僕の批評だと思って観ていませんけど。これだって、ちゃんとした批評がされていれば、たとえ組織票だったとしても優秀作品の5本に入ることはないはず。それから、最優秀作品賞、最優秀主演男優賞を獲った『ミッドナイトスワン』(20年、内田英治監督)を見て、白石に「最低最悪」とLINEしたら、「ワーストワン、観ちゃいましたか」と返ってきましたが、これも一見マイノリティの側に立っているようで、マイノリティを差別されるかわいそうな存在としてしか描いていない。泣かすためのマイノリティの便利使いでしかない。トランス・ジェンダーだけじゃなくて、タイに性転換手術に行ったら失敗しましたみたいなことも含めて、もう無自覚な差別のオンパレード。でもそんな批評を誰も書いていない。日本アカデミー賞はアカデミー賞協会会員という名の映画業界の人たちによる投票で決まるんだから、そういう業界の人に届く批評さえもない。

——ちなみに『キネマ旬報』の星取りでは『Fukushima50』は全員が★ひとつだったと思いますけど。

井上　ならば、業界内でよっぽどの力学が働いたか、「キネ旬」に全く力がなくなったか。

荒井　地方で映画ファンが出している雑誌があって、『Fukushima50』に「キネ旬」でみんなが低い点をつけているのは政治的だとか、おかしいとかって言っているよ。感動したらしいよ。

井上　へえええ！

白石　あんなに苦労して頑張ったカッコいい人たちがいましたっていう話だから。

井上　だから、そういうのに感動しちゃいけないよと戒めるのが批評の役割なのに。かつての中1の僕がたしなめられたように。ちなみに森さんは映画評とか書評に関してはどういうスタンスなんですか。

森　自分の作品についての評価とか批評という意味ですか？　まあネットでチェックくらいはしますよ。でもそれも最近かな。そもそもSNSを始めた時期が遅いんです。『A』（98年）とか『A2』（01年）を作った頃はまだSNSは存在していなかったし、『FAKE』（16年）公開前後くらいからツイッターを始めたけれど、決して自発的じゃないです。宣伝や配給のスタッフから、「ツイッターがいちばんの宣伝になる」と言われて仕方なく。気が進まないので最初は、妻が僕のスタッフみたいな振りをしてやってくれていました。

でも実際に始めてから、こんなに反響があるんだってびっくりして。ＳＮＳは基本的に匿名ですよね。だからこれは批評ではないと思うけれど、ＳＮＳ誕生前には決して耳に入らなかったネガティブな感想や陰口も含めて今は読むことができるので、新しい時代になったことは確かだと思います。書評にしても、朝日新聞に載ったから重版確定みたいな牧歌的な時代もかつてはあったらしいけれど、最近は新聞の書評くらいではなかなか動かない。たぶん、映画も同じだと思うけど。だからＳＮＳという媒介を通さないことには意味を持たなくなってしまっているというのはすごく実感していますね。僕自身も日常的には、ＳＮＳの情報で何かを観たり読んだりすることが多いですから。

痛いところを突いてるなっていう批評はあまりない

白石　なるほど。需要がなくなっているということは、それは評論家もいなくなるという話ですよね。

森　だって新聞の書評欄を読む人なんて、たぶん平均年齢70歳ぐらいのおじいちゃん、おばあちゃんたちですよ。

荒井　俺、新聞の書評欄を読んでる。映画欄も読んでる。74歳だけど。

井上　僕も両方読んでる。55歳だけど。もう圧倒的少数派なんだ。

白石　それよりツイッターで検索して、何にも意識せずにいろんなことを適当に呟いているのを信用して観に行くという。

森　ですね。とくに映画の場合、劇場に来る世代はもうちょっと若いだろうから、彼らからしたら新聞に載るよりもはるかにSNSのほうが影響力が大きい。だから朝日新聞に映画評が載るよりも、例えば茂木健一郎とか津田大介あたりがこの作品はすごいみたいなツイートをしてくれるほうが、はるかに効果は大きいみたいな状況になっていますよね。

――監督、脚本家としては、これは違うんじゃないか、気に食わないって批評が出た時にはどう思って、どうされるんでしょうか。

井上　それは荒井さんが一番、詳しいんじゃないですか。荒井さん、最近、エゴサーチというのを覚えちゃったから大変ですよね（笑）。

白石　批判されたら、何年にもわたってその恨みを持ち続けるっていう（笑）。

井上　荒井さん、いろんなことを忘れてもそこは絶対忘れないものね（笑）。

森　荒井さんのエゴサーチって怖いね（笑）。本のタイトルになりそうだな。荒井晴彦のエゴサーチ。

井上　ちなみに、こいつは痛いところを突かれた、っていう批評についてはどうなんですか。僕は映画青年で荒井ファンだから強く印象に残っているんだけど、『Wの悲劇』（84年、澤井信一郎監督）の論争。脚本家の古田求が、三田佳子が三田村邦彦に「あの子があの人とネてたんじゃないのよ」って話すところがプロットとして弱いんじゃないかって批判して。荒井さんはそれを素直に認めて、たしかにそこが弱いと答えましたけど、あれなんか脚本家による脚本批評ですよね。

荒井　あれはね、その前に俺が古田の『薄化粧』（85年、五社英雄監督）のホンをけなしたんだよね。

井上　しかもボロクソに（笑）。

白石　そのじゃれついた感じは、ちょっと何とかならないですかね（笑）。

荒井　じゃれついてないよ。それ以前にもそれ以後も古田求と口を利いたことないし。確かにあそこは弱いんだよ。弱いけどしょうがねえじゃんみたいな（笑）。あんまりないよ、こっちが弱いよなっていうところを突いてくる批評っていうのは。みんなシナリオを読んでないからね。

井上　でも、やっぱり批評って多かれ少なかれ、青山さんがツイートしたように「主観と党派性」なわけじゃないですか。大抵は。

脚本と脚色は別物だと思う？

荒井　古田と俺は脚本家同士だからそういうやりとりができたけれども、普通は映画評に脚本は出てこないわけだよ。新藤兼人さんとか橋本忍さんとか有名な人は別だよ。何で脚本に触れないのかと追及すると、字数もあるし、脚本家やスタッフの仕事は監督に代表させてると言い訳するけどね。だけど蓮實さんの影響なのかどうか、やっぱり監督だけが映画を作っているっていうことになっている。昔、戦前は監督と脚本家は同じ大きさでポスターに出てるけどなと思うんだけど。監督主義っていうのがヌーヴェル・ヴァーグの〈作家主義〉とは違う意味で日本にあって、ナントカ組とか、外国ではミスター何々だけど、日本では名前で呼ばないで、「監督、監督」って言ってるのがそうだしさ。脚本家になってショックだったのは、『Mr.ジレンマン　色情狂い』の時かな、「キネ旬」の評で、このセリフがいかにも小沼勝監督らしいセリフだとか書いてある。「おいおい、俺が書いてんだよ、それは」みたいなさ。そういうのがあって、『映画芸術』を始めたっていうのもあるけどね。全部、監督の手柄にするっていうのは、そのほうが書きやすいのかな。批評を書く人は。「白石和彌の世界」とか「森達也の世界」とかさ。

森　僕の場合は脚本家はいないけどね。その意味でドキュメンタリー映画の場合は、監督が支配する領域は劇映画より大きいかも。ただこれも作品によって違います。

井上　じゃあ、荒井さんは批評で腹が立つという以前に、映画は監督だけのモノとして語られることへの、脚本家としてのルサンチマンが大きいということですね。

荒井　そうそう。そのテーマを書いているのは脚本家なんだよと。監督が書いている場合もあるけど、要するにテーマとかは脚本にあるんだと。

白石　別に荒井さんとご一緒させてもらったことはないですけど、だったら一緒にキャンペーンとかやってほしいですよね（笑）。

荒井　舞台挨拶でどうして脚本家がいないのっていうね。

白石　いえいえ、全然、参加してもらっていいんですけど。

井上　僕は脚本でも監督でもやってますけどね。求められているかはわからないけど（笑）。

荒井　世間の人は映画って監督と役者だけで作っていると思ってるみたいだからさ。セリフも役者が自分で考えて言ってるんだと。だから高いギャラもらってるんだと。

井上　自分が監督になった時に、ああ、こうも扱いが違うのかっていうのはありますよね。一番びっくりしたのは監督になって「おめでとうございます」って言われたこと。俺、助監督から昇進したわけじゃないし！　って。

荒井　それは俺も言われたけど、上に行った感じはないんで、横移動しただけだよって。それはずっとある。

井上　だから、新藤兼人さんがそうしていたように肩書きを「脚本家・映画監督」と書くんだけど、言わないと「映画監督・脚本家」に絶対なっている。もう抜き難く監督の方が上というのがある。

荒井　クレジットの監督・脚本もおかしい。ハリウッド映画のクレジットはWRITTEN AND DIRECTED BY 誰それでしょ。シナリオ書いて撮ったのは、でしょ。監督・脚本だと監督が脚本も書きました、だよね。仕事の順番どおりにすればいいのに。脚本・監督じゃなくて監督・脚本にしてる人たち、偉そうにと思っちゃう。プロフィールなんかの脚本を担当、も嫌だねえ。監督を担当とは言わないくせに。ま、メガホンを取ったとか、まだ書く人いるからね。日本バカデミー賞のテレビ中継でも脚本賞とか撮影賞とか映んないじゃない。

井上　ちなみに日本アカデミー賞の話が出たんで聞きますけど、本家アメリカは脚本賞と脚色賞と分かれてるじゃないですか。それはどう思います？

荒井　それはいいと思うね。

白石　僕もいいと思います。

井上　荒井さんは圧倒的に脚色が多いわけですけど、やっぱり脚本と脚色は別物だと思いますか？

荒井　別物というかな。脚本の価値としては原作があろうがなかろうがいいものはいい、悪いものは悪いというのはあるけれど、厳密に言えば、オリジナル脚本と脚色って分けて脚本の賞が2つあった方がいいと思うよ。シナリオ作家協会で出している年鑑代表シナリオ集のシナリオを選ぶときに、これ、オリジナルだからって、何点かプラスされてる気配がある。

井上 オリジナル幻想ね。そっちの方が価値があるみたいな。

白石 ああ、オリジナルのほうが努力したでしょうみたいな。

荒井 オリジナルでもつまんないものはつまんないんだと。同等に審査しようぜって思ってるんだけど。「映画はオリジナル」って思っている人がまだいる。

井上 たしか向田邦子賞でもそうだと言いますものね。テレビもオリジナルが少なくなってきたから、とくに。

『記憶にございません』をむちゃくちゃ罵倒しちゃった

井上 いつも例に出すんでけど、『スーパーマン』（78年、リチャード・ドナー監督）の脚本をマリオ・プーゾが書いていて、明らかにテーマは『ゴッドファーザー』と同じなんですよね。コルレオーネ家の血を引き受けるか、クリプトン星人の血を引き受けるかという血の問題をやっているのに、なぜ、マリオ・プーゾで語られないのだろうっていうのがいつも不思議で。マリオ・プーゾですらそうなのかと。これは根が深いぞと。話を戻すと、書評でも映画評でも、これは効いたぜっていうのはありますか。

森　ネガティブな批評をされて腹立ったりムカついたりはいくらでもあるけど、確かにそうだなとか痛いところを突かれたみたいな批評は、ほとんど記憶にないですね。そういう意味では、けっこう作品に自信があるのかな。あるいは、指摘されるレベルの欠陥は自分でもわかっているから、わかっているよそんなこと、と言うしかない。とくにネット時代になってから、非常に表層的な批判ばかり。ネガティブな批評といってもこちらの急所を突いてくるような批評がほとんどないから。

荒井　評論家って物書き同士なら文句も言えるじゃない。でもSNSってほんとうに落ち込むよ（笑）。これ、「映画評論家への逆襲」というタイトルだけど、本当の敵はSNSで感想を垂れ流しているモノ言う「観客」だ。映画評論家気取りで言いたい放題の「SNS映画評論家」への逆襲だよ。

白石　SNSはけっこう落ち込みますよ。

森　だって言ってみれば道を歩いていて、名前も顔もわからない人から、いきなりバーカとか死ねとか言われたようなレベルだから。ムカつくし、腹立つし、落ち込むけど、自分がやっていること、これからやることに対しての影響はほとんどないですね。

荒井　でもいやな気持ちになるなあ。相手がわかっているなら言い返せるけど。昔、俺がまだ有名じゃないころに、高崎がね。

――ああ、それをここで言いますか（笑）。たしかに憶えていますけど。

荒井　もう一生、忘れないんだ。高崎が編集をやっていた『月刊イメージフォーラム』で『ダブルベッド』（83年、藤田敏八監督）の特集で藤田敏八さんにインタビューしたんだよ。そこで、若者映画を撮ってきた藤田さんが、その前の『スローなブギにしてくれ』（81年）、『ダイアモンドは傷つかない』（82年）では山崎努が40代で、『ダブルベッド』の柄本明はなぜ30代かって聞いてんだよ。それですごく腹立ってさ、だから、何年かたって、新宿のバーで高崎に会った時に「30代の俺が書いてるから30代なんだよ。脚本家が作ってんだよ」って言ったんだよ。

――少し補足すれば、あれは「全共闘世代の荒井の心情が反映されているホンなんだ」という藤田さんの発言を引き出すための意図的な問いかけだったんですよ。

荒井　そうなの？

白石　荒井さんも自分が踏まれた痛みはずーっと忘れてないですよね（笑）。森さん、同じドキュメンタリー作家から言われたことでは響くことってありますか。

森　まず場がないです。仮に場ができたとしても、批判し合うという気分にはなれない。理由は単純で、そこまで他人の作品に親身になれないから。僕だけじゃなくて多くのドキュメンタリー監督がそうだと思う。劇映画に比べればマーケットはぜんぜん小さいし、日常的にそんな余裕はないです。たとえば山形国際ドキュメンタリー映画祭とかでは、夜に香味庵（山形国際ドキュメンタリー映画祭における社交スペースで映画祭期間以外は漬物店。昨年5月に惜しまれながら閉店）に集まって飲みながら作り手同士で議論したりはしていたから、場ができたら多少は変わるのかもしれない。でも『311』（11年、森達也・綿井健陽・松林要樹・安岡卓治共同監督）を上映したとき、香味庵で夜に多くの作り手たちが集まってあの映画はダメだとか許せないとか声を上げていたと後から聞いたけれど、僕に向かってそれを言った人はほぼいなかったな。

――ドキュメンタリー以外ではどうですか？

森　今『ニューズウィーク日本版』で、邦画に限定した連載を書いています。基本的には好きな映画をとりあげて書いているのだけど、時には批判的な記述もしてしまいますね。ついこのあいだは三谷幸喜さんの映画をとりあげました。彼が主宰していた東京サンシャインボーイズの舞台はブレイクする前から観ていて、すごく面白かったし、デビュー作の『ラヂオの時間』(97年)も好きな映画です。でも最近はだめだな。ネガティブな批評はしたくないから『ラヂオの時間』だけで書くつもりだったのだけど、書きながら新作の『記憶にございません！』(19年)も一応チェックしておこうと思って20分ぐらい観て、これはひどすぎると思って観るのをやめて、その怒りというか腹立ちが文章に反映されてしまったから、結果としてかなり辛らつな批評になってしまった。これは珍しいけど、基本的には自分の好きな映画、影響を受けた映画について書きたい。悪口は言いたくない。人として当たり前だと思う。でもプロの批評家ならば、そこを乗り越えないとダメですよね。僕はプロの批評家じゃないから、あまりネガティブなことを書きたくないし、嫌な予感がする映画は観たくもないし、だから『Fukushima50』は観ていないし今後も観ないと思うけれど、批評家だったら観ないわけにはいかないですよね。

だからこれまで、同業の人からは批判されたことはないわけじゃないけど、量としてはそれほどはないです。僕もあまり批判はしない。馴れ合いだって言われればそうかもしれないけど。

『アルジェの戦い』について大江健三郎が書いたり、いろんな論争があった

井上　ぼくは今年、「映芸」のベストテンを12年ぶりにやって、ベストの理由を書かずにワーストの理由だけを書きました。それは決められた字数の中で、ベストに選んだ作品よりもワーストに選んだ作品にちゃんと向き合わなきゃいけないというのが一点と、やはり箸にも棒にもかからないものは無視しているわけですよ。『ミッドナイトスワン』や『罪の声』みたいに世間が評価してたり、感動したと言ってるものをあえてワーストに挙げるわけで。ならば、同業者の端くれとして、ちゃんと書こうと。「映芸」がどれだけ読まれているかわからないけど、かつての中1の僕みたいなバカな観客に届けばいいなと。

森　井上さんのポジションはけっこう珍しいよね。だってなかなかここまで他人の作品について言及し、批判する人って同じ作り手でいないよ。なんかステージが違うような気が

する。

井上　だからそれは僕が脚本家としても監督としてもポジションがないから。失うものが何もない。あと、人としてどうかしてるのかも（笑）。それと、若松プロ時代から批判され批判するのが当たり前の環境だったのはあるかも。でも相互批判は基本のような。

森　井上さんは、けっこう舞台でしゃべっちゃうじゃない。荒井さんはどっちかって言うと舞台ではあんまり言わないけど、裏で、楽屋ではけっこう「てめえ、こっち来い」みたいな（笑）。

井上　いや、荒井さん、最近ちょっとおとなしめだけど、むかしはけっこう何でも言っていましたよ。

森　ああ、「映芸」でもけっこう辛らつなことを書いていたものね。僕にとって荒井さんは、攻撃的なイメージばかりが増幅されて耳に入ってくる怖い人でした。念を押すけれど過去形ですよ。

井上　『月刊シナリオ』にシナリオ批評を書いてる時だってひどかったですよ。またそれが鋭く的を得ている。書かれたほうはけっこうなダメージを負ったと思いますよ。

――批評がなくなったっていうんですけど、昔は有名な映画上の論争ってありましたよね。1960年代には『映画芸術』誌上で石堂淑朗と松本俊夫の〈石松論争〉っていうのがありましたね。

荒井 あれは小川（徹）さんが作った論争だよ。小川さんがお互いの原稿を相手に見せて、わざと仕込んでたっていうのがあった。あとは『アルジェの戦い』（66年、ジッロ・ポンテコルヴォ監督）でも大江（健三郎）が書いたり、いろんな人が書いて「空白の3年」論争があった。確かに論争がなくなったというのもあるよね。

森 もうちょっと前だけど、ドキュメンタリーでも1940年に亀井文夫さんとカメラマンの三木茂さんの〈ルーペ論争〉がありました。『文化映画研究』誌上の座談会で、「カメラマンは目隠しされた馬のようなものだ。ルーペ（ファインダー）からしかものを見ない」と亀井さんが発言して、次号で三木さんがこの趣旨をある程度は認めながらも、カメラマンは現実を主体的に切り取る存在だと反論して、その後もかなり長く応酬が続きました。この議論には伏線があって、日本に占領されていた中国で亀井さんが『戦ふ兵隊』（39年）を撮ったとき、いきなり中国の少年を亀井さんが羽交い締めして、震えているこの子の顔を撮れと三木さんに命じた。日本軍におびえる中国の少年というモンタージュにしたかったらしい。でも三木さんは全力でこれを拒否した。なぜ撮らないのかと、撮るべきではないとの論争。ドキュメンタリー論にも重なる。とても刺激的です。デジタルカメラ全盛で誰もが簡単にカメラを手にして撮影してしまう今だからこそ、意味と価値がある議論だと思う。

井上 言われた批判について言い返さなくなりましたよね。

荒井 宣伝部仕切りになってから、なかなかそういうふうにならないんじゃないの。宣伝部が原稿をチェックするでしょ。あれ、おかしいよね。

白石 これはネタばれですとか。じゃあ、何を書きゃあいいんだってことですよね（笑）。

井上 たしかに評論家にとっては、つらい時代ですよね。

白石 僕はエゴサーチをして腹が立つことは通り越したし、エゴサーチをすることもなくなりました。まあ、観てくれた人が書いているんでしょうから、別に何を書かれてもいいんですけど、ただ、こっちにも腹立つ権利はあるんで、くそっとか思うことはあります。後は作り手の人と飲んだ時に、「あれさあ、どうなの」って言われることのほうがちゃんと残りますね。『止め俺』だって荒井さんにも、逆に「まえだ」の話をされても、「へえ、そういうところが気になるんだ」ぐらいな感じなんですけど。二部構成でこうなんじゃないのとかと言われた方が響いてきます。さっき言ったような自分の価値観が決定的にひっくり返るような、自作についての批評は読んだことがないですね。

森　ないですよね。僕たちはそこまでセンシティブではない。井上さんもそうでしょう？

井上　僕は相手にされていないから。でもまあ3人に比べて圧倒的に少ない中で言えば、やっぱりほとんどないかな。逆に珍しく褒められたものでも、なんだこの程度かと（笑）。

森　だいたい想定内の批判か、いくらでも反論できる批判か、全然、誤読しているじゃんというぐらいな感じですね。

大勢の逆張りするのが作り手の役割じゃないですか

白石　ただ誤読されたのは、誤読させたこっちにも責任はあるかなあということはありますけど。

井上　ついでだから日本アカデミー賞に関して言うと、授賞式の翌朝に井浦新さんがこういうツイートをしたんです。「心から喜び合いねぎらい合い共感し合い批判し合い認め合い敬い合い高め合う、日本でも海外でも映画祭映画賞は本来そうなのに日本アカデミー賞だけは失望する映画人映画関係者の方が毎年多いって深刻な問題。選ばれた作品や個人は素晴らしいと思う。けど偏った選考が問題ならば協会組織が問題なのは明白」というかなり突っ込んだことを書いた。そしてさらに「映芸も極端にだいぶ偏ってるけど映芸の偏りかたとは訳が違う。映芸には愛があるから。偏愛」と。日本アカデミー賞に関して言えば、今年は作品がないうえに、『スパイの妻』も『37セカンズ』も『本気のしるし〈劇場版〉』も『アンダードッグ』も、「キネ旬」のベストテンに入っている4本がテレビ放送が先で選考対象外だった。配信作品も対象外だし、上映日数規定が厳しくて、ミニシアターで上映されるようなインディーズ映画もほとんどが対象外で、「映芸」ベストワンの『れいこいるか』も対象外。そんな中でどこが優秀だって作品が5本候補になって、メジャー作品ではない『ミッドナイトスワン』が最優秀っていうのは……。

白石　文脈として、みんなが入れたくなる気分はわかるじゃないですか。

荒井　『罪の声』が最優秀脚本賞でしょ。どうなのよ。

井上　だから、ほんとうにどうなのよって思いますよ。

白石　ただ、整然と物語を伝えてはいたじゃないですか。根本的なパッションは置いといて、脚本の技術としては、この優秀作品賞の5本のなかではすごく妥当だったと思いますけどね。

荒井　はあ？　思想でしょう。『Fukushima50』にしろ『罪の声』にしろ。ストーリーが整然と語られているからいいって何を言っているんだよ。

井上　白石だって、いいと言ってるわけじゃないですよ。

白石　この5本を観るとわかるんです。ストーリーがちゃんと語られていないことがわかるんですよ。

――『罪の声』というのは1960年代後半の〈政治の季節〉の学生運動を全否定している。あそこはいかようにも承服しかねるんですね。

白石　『罪の声』は、学生運動をやっていた宇崎竜童をたんに極悪人にしているでしょう。今、日本の社会全体がそういうことを思っていたとしても、そういうのを逆張りするのが作り手の役割じゃないですか。

井上　だからこの4人は怒るわけじゃないですか。日本アカデミー賞で『罪の声』に投票した人はそういう怒りがないんだろうかと。

白石　ないんですよ。

井上　ないんだよね。『ミッドナイトスワン』と書く人たちは、あの映画の立っている地平が決定的に違うということに気づかないのかと。

荒井　だって感動しているんでしょ。みんな。だから感動した観客と、投票する日本アカデミー賞協会の会員のセンスが同じだということがおかしい。

白石　いやいや、そうですよ。

森　それは大前提ですよ。でもさっき白石さんが言った逆張りは、それこそアメリカン・ニューシネマがそうだけど、映画においては普遍的で重要なキーワードだと思う。世相に棹さしてやるというモティベーション。もちろん逆張りのための逆張りじゃだめですよ。もうちょっと丁寧に言えば、世相に安易に流されないこと。小さな違和感をしっかりと表明すること。でも今は、これは映画だけではないけれど、ポピュリズム的な流れがこの国ではとても強くなっていて、世相に乗っかるだけの作品が多くなった。みんなが喜ぶ「感動しました」「勇気をもらいました」的なところに向かう流れに乗ってしまっているのだとすれば、さらに映画はやせ細るんじゃないかなと思う。そもそもこの国は、ベストセラーが世界一生まれやすい国だと聞いたことがある。一極集中で付和雷同の傾向が強いんです。だから国を挙げて大きな失敗をする。

『Fukushima50』がこれだけヒットして評価される理由について言えば、僕は観ていないから断定はできないけれど、思想性やイデオロギーに共感が集まったわけではなく、今の日本人の観客が求める方向、つまり、感動をもらいました、勇気をもらいました的な方向に沿った作品だから、これだけ話題になったんじゃないかと思うのだけど。

白石　でもおっしゃる通りですね。「日本人、すげえ」みたいなね。

荒井　歴史認識でもさ、学生を教えていればわかるじゃない。広島に原爆を落としたのは？と訊いたらソ連と答えた学生がいたけど、そういう連中が観ているんだったら、それは時代考証が間違っていても何でも見逃すよ。『罪の声』も「歴史」を知らない人がシナリオ書いて、知らない人たちが脚本賞に選んでいる。作協（シナリオ作家協会）の年鑑代表シナリオ選が選ぶシナリオ読んだけど、宇崎竜童が過激派になった理由というのが、45歳の父親が内ゲバの誤爆で殺された、父の勤めていた会社は過激派というので線香の1本も上げ動にのめり込みよった。それで「会社を恨んで社会を恨んで反資本主義なんや、いうて過激派の活にこなかった。

されるなんてありえないと思うけど。70年代に45歳なんて、その組織のトップか大幹部は

間違えるはずがない。だいたい、製菓会社に過激派は入社しないし入社できない。宇崎も、

父を殺した過激派になるなんて、その気持ちは理解できない。

井上　それ、原作ですね。「映芸」のワーストワンの選評書く時、批判するならせめてそ

の部分くらいは読んでおかなきゃと原作買ったんですよ。なんだ、そんな因果なんて必要

ないから、ちゃんとシナリオで切ってると思ったのに、そのまま書いてたんだ。

荒井　「達雄が大学生の頃はちょうど東大闘争や全共闘の時代でな」とあるが、内ゲバに

よる死者が増えてくるのは73年ごろからで、宇崎が父の死をきっかけに学生運動を始めた

って、何年学生やってたのか、それに72年の連合赤軍の総括リンチ殺人で学生運動は死ん

だも同然になった。宇崎は何の運動をしていたのか。

井上　それも原作だ。

荒井　「真由美の回想／闘争の現場（1970年）バリケードを突破しようとする機動隊。

ヘルメットをかぶった学生たち抵抗。真由美と達雄もいる。」」。あったとは思えない。万博の年。よど号ハイジャックとか上赤塚交番襲撃とか、バリケードの時代じゃなくなった。ちょっと調べればわかるのに。ここで宇崎がいるということは、父親はいったいいつ殺されたのか。いい加減でいいと思ってるとしか思えない。

井上　それも原作（笑）。ということは、原作者も編集者も勉強してなかったってことだ。それをそのまま書き写す脚本家、おかしいと思わないプロデューサー、監督。映画になるまでに一体どれだけの人の目をスルーしてるんだろう。でも自分だったら、疑問に思って調べたかどうか。結局、こういうことって、自分に返ってくるんですよね。

荒井　いい加減なのは星野源が脅迫電話の声が自分だということを35年間憶えていなかったということ。子供の声はテレビでも流れたし、自分がテレビ見なくても友達が見て、あれ、お前の声では、と気がつく可能性を排除している。「ラジカセの録音スイッチを押す真由美。幼い俊也、指示を読み上げる。」。全部ひらがなで書いてあっても7歳じゃスラスラ読めない。何度もやり直したのだろう。それに何これと訊いたに違いない。それを忘れるだろうか。モノによっては憶えていることにするのだろう。大体、小料理屋の2階で犯人たちが打ち合わせをしていて、盗み聞いた板長がいて、犯人たちが、と言ってる。なぜ警察官たちがそこにたどり着けなかったのか。なんでいま、テーラーや新聞記者にベラベラしゃべっているのか。もう一つの声の姉のひき逃げ事件の捜査はどうなったのか。捜査したら身元もわかり、母と弟は軟禁から救われ、元刑事の夫の死もしゃべるだろうから、事件はとっくに解決してるのでは。シナリオ読んで、これが脚本賞かと呆れました。この人のシナリオの「ロンドン・雑感」という柱も初めて見た。雑感って、さまざまなまとまりのない感想、でしょ。写らないことは書かないのがシナリオの決まりなのに。普通は実景とか点描だよね。誤植かな、テレビの売れっ子脚本家の発明なのかな、驚いた。

わからないものをわかろうともがくために評論ってあった

森　今、日本で辛口の映画批評家っているんですか。実作者の荒井さんと井上さんぐらいでしょう。

井上　いたとしても、森さんや僕にすら届かない。お前の映画も届いてないよと言われそうだけど。ところで、荒井さん、『映画芸術』が90年代の頭に「いま、なぜ映画は低空飛行するのか」という特集を何回かにわたって組みましたけど、あの頃には興行的にも底を打っていた。しかし残念ながら、日本映画は内容的には超低空飛行をしながら、興行収入だけはどんどんよくなってしまった。10年前にはロッテルダム映画祭に30本近く日本映画が出ていたのに、今年は2本だけだったと。もう日本映画は海外の映画祭でも相手にされなくなっちゃった。どうなんですか、今、「日本映画は低空飛行するのか」特集から30年ですけど。

森　だって現実に日本映画はつまらないもの。

荒井　やっぱり客だと思うよ。

井上　そんなことを言えば30年前からダメだと。

荒井　だからもっとダメになっている。映画を観ているんじゃないんじゃないかな。やっぱり違うものを観ているような気がするね。映画を作品として観ているんじゃなくて。だって変な映画ばっかりじゃない。

井上　だけど客が悪いって言うなら、『止められるか、俺たちを』の時に、大島渚さんとのセリフで、荒井さんが直したセリフは「客は（大島作品や若松作品より）高倉健や鶴田浩二の殴り込みに拍手喝采を送る」って書いたけど、それは、客といったら1960年代、70年代からそうじゃないですか。

荒井　いや、そんなことはないよ。俺たちが客の頃は。

井上　だけど少数派の客でしょ。

荒井　いや、だけど俺のおふくろたちの世代は、正月に小津さんの映画とか成瀬さんの『浮雲』とかを観ていたわけだから。ジュリエッタ・マシーナの『道』が好きだとか。そのふつうの、インテリじゃなくても、60年代までは今の人たちよりは意識は高かったと思うよ。

森　僕が学生だった頃は、新宿の蠍座に行って『砂の女』（64年、勅使河原宏監督）とか、文芸坐でルイ・マル特集とかに通いながら、内容はよくわからないし楽しめないんだけど、でもこれだけは観なきゃいけないみたいな気分がありました。それは映画のサークルにいたからじゃなくて、若い世代全般にそういう雰囲気があったような気がする。ジャズ喫茶に行けばコルトレーンじゃなくてアルバート・アイラーをリクエストしたり、古本屋で資本論を買ったり、結局は数ページしか読めないのだけど。全共闘に遅れた世代だからこそ、そういうストイシズム的なものが燻《くすぶ》っていたのかな。別に胸を張る気はない。でも今の若者は、そういう〝背伸び〟をすることがほんとうにないような気がします。

井上　今は、けっこう〝わからない〟がゴールデン・ルールになってるじゃないですか。観る側は〝わからない〟を錦の御旗にして忌避する。作り手は作り手で、客がわからなかったらどうしようという〝わからない〟恐怖症になっている。で、お互いにわかりやすいものだけを求め、作り続けるという。どうすればいいんですかね？

森　でも背伸びして観たり聞いたりすると、わからないなりに感知したり伝わってきたりするものがあるんです。たとえば紅テント。新劇と違って役者の滑舌は悪いし、テント空間だから、役者が何を喋っているのかほとんどわかんないんだけど、でも、最後の大仕掛けで涙は出るわ、鳥肌が立つわ。なんとなくわかるもの。それでいいんです。日常会話もそうですよね。細かいところはわかんなくて当たり前。表現ってそういうもんだと思ってたから。むしろ、わかりやすすぎると心配になっちゃって。こんな簡単でいいのかっていう、そういう時代だったと思います。少し前に鴻上尚史さんと話していたら、最近は舞台を観た後の観客たちの感想が変わってきたと言うんです。どう変わったのかと訊いたら、いったい誰が悪いやつなのですかとか……。

井上　ああ。なるほど。

森　誰が正義なのですか、とか、そんな質問ばかりだって。

井上　白石はそんな状況の中で最前線でやらなきゃいけないわけじゃない。ある程度のバジェットで、ある程度の興行的成功を求められる中で。昔、若松プロの本棚にあったビデオや本を片っ端から観たり読んだりしたと聞いたことがあるけど、それだってわからないものもいっぱいあったわけでしょ。でも、それがあるから今があるというか。

白石　今、話を聞いていて、わからないものをわかろうともがくために評論ってあったんだなと思うんですけど。それはたしかに今、ある意味、わかりやすい映画しか作ってなくて、だとしたら評論はいらないですよね。ただ、わかりやすいものを作りながら、筋が立ってないとか矛盾があるっていう映画が多すぎて。それに対してどうこういう人もいなくなっちゃっているんだなと思いますね。

大衆に迎合すれば毒を抜かざるを得ない

荒井　そういえばそうだった。わかんないから『映画芸術』とかを読んで、また観に行って、それでもわかんないんだけどね（笑）。ベルイマンとか〈神の不在〉って言われると全然、わかんなかったな。だけど、わかんなくても、食いつこうとして、わかろうとしてお勉強はしたよ。そういう映画の本を読んだり。松本俊夫の『映像の発見』と大島渚の『戦後映画・破壊と創造』がバイブルだった。今はそういうことをしないんだな。

白石　今はそれは必要ないんですよ。観て、その場でわかるのがよくて。ただ、それだけじゃだめで、さっきから何やってんだって言っていますけど、そういうわかりやすいものを目指しながらも、ちょっとずつ何かを打ち込めるように仕掛けはできるだけしようと思っていますけどね。

荒井　ただ、『日本春歌考』（67年、大島渚監督）みたいな、建国記念日に黒い日の丸をもってデモをやる。そういう衝撃的なことをやる映画を観ただけで、おおっ！　っというふうにこっちは思うよね。それを今、やっただけで〈反日〉って言われるんだろうね。

井上　いいじゃないですか。〈反日〉は最低限のたしなみでしょ。

森　ちょうどテレビも同じ過程を経ています。僕がテレビ業界に入ったとき、現場でいちばん最初に教わるのはカメラのフレームに入りかけたときの身のかわし方です。ＡＤですよ。絶対にフレームの中に入っちゃいけない。常にカメラの後ろにいろ。でもたまにカメラが急にパンしたりして入っちゃうときがある。そういう時には慌てずに通行人のように歩けみたいなことを教えられるんです（笑）。なぜスタッフが映り込んだらいけないのか。その瞬間に客観公正が維持できなくなるからだ、わかるか、これがドキュメンタリーだって。つまり公正中立、不偏不党、そして客観性、これがドキュメンタリーの基本的なエッセンスだみたいなことを先輩ディレクターたちから言われ続けて、自分の主観を出すなんてありえないと教えられて、そのころはほんとうに額面どおり信じ込んでいたけれど。でも僕の先輩のさらに前の前の世代、つまりＴＢＳをやめてテレビマンユニオンを作って、ラジカルなドキュメンタリーを制作し続けた今野勉さんや萩元晴彦さん、村木良彦さんとか、ヤラセ上等とばかりに現場に介入するドキュメンタリーをテレ東で撮り続けた田原総一朗さん、作品にプロの俳優や自分自身もまぎれこませるＲＫＢの木村栄文さんとかがいた。牛山純一さんと大島渚さんが日本テレビのノンフィクション劇場で『忘れられた皇軍』（63年）をオンエアしたのもこの頃です。みんな主観剝き出し。中立とか公正とか客観なんて誰も考えていない。木村栄文さんは現役の香具師の親分を撮って、銭湯で登り龍が躍る親分の背中をディレクターである自分がせっせと流しているカットを当たり前のように放送しています。それはテレビが黎明期だからできたこと。その後にテレビ局が良質な企業になる過程と並行して、今の言葉で言えばコンプライアンスとかガバナンスとかリスクヘッジなどの意識を持ってしまって毒をどんどん抜かれて、テレビのドキュメンタリーは非常につまらなくなってしまった。僕が入った頃には公正中立が大前提になっていて、誰もそれに疑いを持たなかった。これは戦後の日本映画の歴史とも重なるものがあるんじゃないかなと思うんです。結局、大衆に迎合すれば毒を抜かざるを得ないし、毒を抜いていく過程の中で、たぶん作るほうも楽なのかな、毒がないほうが。作るほうも楽だし、観る方も気持ちがいいし、というところで、どんどんつまらなくなってしまったんじゃないかな。

荒井　テレビ局が映画を作り出したから、それにいっそう拍車がかかったんだよ。『踊る大捜査線 The Movie』（98年、本広克行監督）の興行収入が百億を超えたでしょ。犯人を描かない警察映画が大ヒットした。たぶん、あそこだよね、大きな分岐点だったのは。

２０２１年3月24日、小学館にて

プロフィール

荒井晴彦［あらい・はるひこ］

1947年、東京都出身。季刊誌『映画芸術』編集・発行人。若松プロの助監督を経て、77年『新宿乱れ街　いくまで待って』で脚本家デビュー。『赫い髪の女』（79年、神代辰巳監督）、『キャバレー日記』（82年、根岸吉太郎監督）など日活ロマンポルノの名作の脚本を執筆。以降、日本を代表する脚本家として活躍。『Wの悲劇』（84年、澤井信一郎監督）、『リボルバー』（88年、藤田敏八監督）、『ヴァイブレータ』（03年、廣木隆一監督）、『大鹿村騒動記』（11年、阪本順治監督）、『共喰い』（13年、青山真治監督）の5作品でキネマ旬報脚本賞受賞。他の脚本作品として『嗚呼！おんなたち 猥歌』（81年、神代辰巳監督）、『遠雷』（81年、根岸吉太郎監督）、『探偵物語』（83年、同）など多数。また脚本・監督作品として『身も心も』（97年）、『この国の空』（15年）、『火口のふたり』（19年、キネマ旬報ベストテン・日本映画第1位）がある。

森　達也［もり・たつや］

1956年、広島県出身。立教大学在学中に映画サークルに所属し、テレビ番組制作会社を経てフリーに。地下鉄サリン事件後のオウム信者たちを描いた『A』（98年）は、ベルリン国際映画祭など多数の海外映画祭に招待され世界的に大きな話題となった。続く『A２』（01年）で山形国際ドキュメンタリー映画祭特別賞・市民賞を受賞。東日本大震災後の被災地で撮影された『３１１』（11年）を綿井健陽、松林要樹、安岡卓治と共同監督。16年にはゴーストライター騒動をテーマとする映画『ＦＡＫＥ』を発表した。最新作は『ｉ－新聞記者ドキュメント－』（19年、キネマ旬報ベストテン・文化映画第1位）。

白石和彌［しらいし・かずや］

1974年、北海道出身。中村幻児監督主宰の映像塾に参加。以降、若松孝二監督に師事し、『明日なき街角』（97年）、『完全なる飼育 赤い殺意』（04年）、『17歳の風景 少年は何を見たのか』（05年）などの若松作品で助監督を務める。２０１０年『ロストパラダイス・イン・トーキョー』で長編デビュー。13年、ノンフィクションベストセラーを原作とした映画『凶悪』が、第38回報知映画賞監督賞、第37回日本アカデミー賞優秀監督賞・脚本賞などを受賞。その他の主な監督作品に、『日本で一番悪い奴ら』（16年）、『牝猫たち』（17年）、『彼女がその名を知らない鳥たち』（17年）、『サニー／32』（18年）、『孤狼の血』（18年）、『止められるか、俺たちを』（18年）、『麻雀放浪記２０２０』（19年）、『凪待ち』（19年）など。21年8月、『孤狼の血 ＬＥＶＥＬ2』が公開予定。

井上淳一［いのうえ・じゅんいち］

１９６５年、愛知県出身。大学入学と同時に若松孝二監督に師事し、若松プロ作品に助監督として参加。90年、『パンツの穴　ムケそでムケないイチゴたち』で監督デビュー。その後、荒井晴彦氏に師事。脚本家として『くノ一忍法帖　柳生外伝』（98年、小沢仁志監督）、『アジアの純真』（11年、片嶋一貴監督）、『あいときぼうのまち』（14年、菅乃廣監督）などの脚本を執筆。『戦争と一人の女』（13年）で監督再デビュー。慶州国際映画祭、トリノ国際映画祭ほか、数々の海外映画祭に招待される。ドキュメンタリー『大地を受け継ぐ』（15年）を監督後、白石和彌監督の『止められるか、俺たちを』で脚本を執筆。19年、監督作『誰がために憲法はある』を発表。

小中和哉［こなか・かずや］

１９６３年生まれ、東京都出身。成蹊高校、立教大学在学中に映画サークルに所属し、自主映画を多数製作。86年、文芸坐出資の『星空のむこうの国』で商業映画デビュー。代表作に『四月怪談』（88年）、『くまちゃん』（93年）、『ウルトラマンティガ・ダイナ＆ガイア超時空の大決戦』（99年）、『ＵＬＴＲＡＭＡＮ』（04年）、『東京少女』（08年）、『七瀬ふたたび』（10年）、『赤々煉恋』（13年）など。最新作はデビュー作のセルフリメイク版『星空のむこうの国』（21年）。

構成／高崎俊夫

映画評論家への逆襲

二〇二一年　六月八日　初版第一刷発行

著者　荒井晴彦　森　達也　白石和彌　井上淳一
発行人　飯田昌宏
発行所　株式会社小学館
〒一〇一－八〇〇一　東京都千代田区一ツ橋二ノ三ノ一
電話　編集：〇三－三二三〇－五六一七
　　　販売：〇三－五二八一－三五五五

印刷・製本　中央精版印刷株式会社

Printed in Japan ISBN978-4-09-825399-9